JULIO PATÁN

CUBA SIN FIDEL

Planeta

Diseño de la colección: Guillermot Navares
Ilustración de portada: José Luis Maldonado. Composición a partir de una fotografía de Andrii Spy_k / Shutterstock.
Fotografía del autor: © Maritza López

© 2018, Julio Patán

Derechos reservados

© 2018, Editorial Planeta Mexicana, S.A. de C.V.
Bajo el sello editorial PLANETA M.R.
Avenida Presidente Masarik núm. 111, Piso 2
Colonia Polanco V Sección
Delegación Miguel Hidalgo
C.P. 11560, Ciudad de México
www.planetadelibros.com.mx

Primera edición en formato epub en México: marzo de 2018
ISBN: 978-607-07-4615-4

Primera edición impresa en México: marzo de 2018
ISBN: 978-607-07-4642-0

Impreso en los talleres de EDAMSA Impresiones, S.A. de C.V.
Av. Hidalgo núm. 111, Col. Fracc. San Nicolás Tolentino, Ciudad de México
Impreso y hecho en México – *Printed and made in Mexico*

Desperté poco antes de las seis de la mañana con la alarma del teléfono. Era el 2 de enero de 2017. Habían pasado 38 días desde la muerte de Fidel Castro o al menos desde que se anunció la muerte de Fidel Castro, si son ciertos los rumores de que en realidad se había decidido postergar la noticia, a la manera soviética cuando murió Stalin; como es sabido, los dictadores no siempre mueren cuando mueren. Más allá de los nueve días oficiales de luto nacional, el régimen consideraba que ese periodo, ese mes y piquito, era suficiente para que terminaran las postraciones y la población disfrutara, un mes más tarde, del desfile planeado originalmente para el 2 de diciembre.

No era cualquier desfile. Como los que ocurrieron rigurosamente cada cinco años en tiempos de Fidel, celebraba el «Día de las Fuerzas Armadas Revolucionarias». Pero es que además se cumplían los 60 años del desembarco del *Granma*, el yate en el que el propio Castro, su hermano Raúl, el Che y otros 79 combatientes llegaron a Cuba para echar a andar el movimiento guerrillero de la Sierra Maestra, ese que entraría a La Habana el 1° de enero de 1959 mientras el dictador Fulgencio Batista ponía tierra (o mar) de por medio. Nada podía causar la posposición de semejante festejo. Nada, se entiende, salvo la muerte del Comandante en Jefe. Del Caballo. Del Supremo Líder. De Fidel, cuya única concesión a la complicidad popular, al margen de algún partido de básquet, algún chiste y algún cariño fugaz en la cabeza de un niño, fue permitir que le hablaran de tú.

Caminé un rato largo, desde el barrio de Miramar hasta la Plaza de la Revolución, mientras terminaba de amanecer.

M, mi anfitriona, me avisó luego de tocar a la puerta de la habitación que los negocios cerrarían por disposición del gobierno en tanto no terminara el desfile. Era cierto, salvo por las panaderías: pululaban los habaneros con enormes bolsas de plástico o panes mordisqueados en las manos, panes regordetes y semicirculares, como para unas hamburguesas imposibles en el país donde matar a una vaca implica una pena de cárcel larga y cruel, de unos 10 años.

Detrás del ejército, la ciudadanía. No: el pueblo. «El pueblo combatiente». En la zona VIP, preside el festejo Raúl Castro. Lo acompaña Dalia Soto del Valle, es decir, la viuda casi oficial de Fidel (*parece* que se casaron en 1980, sólo después de la muerte de la compañera Celia Sánchez, la Primera Amante). Es una mujer discretísima, que estuvo a su lado desde 1961 pero a la que los cubanos de a pie no conocieron sino hasta 2000, y madre de cinco de los nueve hijos del Comandante, algunos de los cuales también asistían al desfile. Es curioso, lo del Comandante y las mujeres. Tuvo varias parejas conocidas, pero quien fungía como Primera Dama, la que lo acompañaba en los actos oficiales, era su cuñada: la simpática y expansiva Vilma Espín, la esposa de Raúl, esa a la que es imposible ver sin una sonrisa en las fotos, integrante del Ejército Rebelde, por supuesto del Partido Comunista y, desde el 65, líder de la Federación de Mujeres Cubanas. Murió en 2007, vencida por el cáncer.

Tampoco falta algún invitado extranjero. Entre ellos, Rodrigo Londoño «Timochenko», el Comandante en Jefe de las Fuerzas Armadas Revolucionarias de Colombia, las FARC, encargado de las negociaciones de paz con el gobierno de Juan Manuel Santos y acusado en su momento, entre otras cosas, de narcotráfico, secuestro y reclutamiento forzoso de menores.

Primero, 21 salvas de artillería. Enseguida, 128 «mambises» a caballo, 128 guerrilleros de los que lucharon por la autodeterminación cubana en el siglo XIX. El guiño a la guerra de Independencia nunca falta, particularmente desde que Fidel Castro, ya en los años noventa, trató de relanzar a José Martí como una especie de socialista de avanzada en perjuicio de Marx, Engels o Lenin, blindado a la evidencia de que Martí dedicó algunas líneas a desacreditar a Marx. El socialismo (vean si no a Stalin, a Mao, a los jemeres rojos) siempre acaba dando la mano al nacionalismo, y los resultados son atroces. Aunque Fidel, que según varios de sus biógrafos y algunos historiadores nunca tuvo muy absorbida la doctrina marxista-leninista —según esta versión, más una herramienta de conservación del poder buena para un mundo sovietizado que un verdadero sustento ideológico—, fue siempre proclive a interpretar la historia en términos de caudillajes, de figuras providenciales, y de canto a la patria. En la historiografía oficial revolucionaria, básicamente todos los líderes políticos de la historia cubana fueron o dictadores indignos, o demócratas corruptos y blandengues que pusieron en solfa la autodeterminación de Cuba, la sagrada soberanía de la isla. Martí sería una excepción: un antecedente de la figura gloriosa, del caudillo definitivo, padre del pueblo, que fue Fidel Castro.

Acto seguido, se suceden los veteranos «internacionalistas» —esos guerreros que fueron a llevar la revolución a otras tierras, Angola para empezar, y a Etiopía, y Libia, y Mozambique, y Guinea Ecuatorial, y Tanzania, y Argelia—, las Fuerzas Armadas Revolucionarias, la Marina de Guerra, el Ministerio del Interior, las academias militares. Nadie falta. Tampoco una réplica del *Granma*, rodeada de 3 500 niños que corean «Somos Fidel».

Por último, el mencionado pueblo combatiente, que no se nota, la verdad, en un ánimo muy bélico. Ni muy de luto. Abundan las camisetas que dicen, conforme a guion, «Yo soy Fidel», igualitas, producción en serie, distribuidas generosamente, a la manera priista. La multitud, y yo como parte de ella, se acumula en el cruce de Avenida Paseo y Zapata, a tiro de piedra de la llamada con mucha formalidad Necrópolis Cristóbal Colón, o sea el cementerio, con la Plaza de la Revolución al frente. A todo lo largo de Paseo, en sus dos banquetas, los chicos del servicio militar hacen una valla humana. Se repiten las bromas, las *selfies*, el *small talk* a lo habanero, lleno de énfasis inesperados y perplejidades falsas y risueñas, cómplices, de esas que genera la incompetencia gubernamental en todas partes, en especial donde casi todo es gobierno.

De pronto, un primer contingente avanza entre gritos. «Yo soy Fidel», sí. Pero la marcha no se deja ir de golpe: hay un orden, una secuencia fragmentada con pausas, casi diría que una coreografía aunque sea trompicada, subdesarrolladona; *bananera*, hubiéramos dicho en tiempos de menos corrección política. Desfila el «Proyecto Comunitario de Taekwondo Lobos de Arroyo Naranjo, Mantilla», que rinde tributo a Hugo Chávez y Fidel con una pancarta y recomienda «Luchar contra lo invencible y vencer». Evidentemente, no se enteraron los del Proyecto de que a Fidel en realidad Chávez le caía como una patada: demasiado protagonismo. Y además, no paraba de llamarlo por teléfono para consultarle cualquier minucia. No se lo hubiera tragado si Cuba hubiera producido petróleo. Que uno sea generoso con su genio no significa que un pelma se permita llamar 24 por 7.

Luego, un grupo con camisetas moradas que carga una enorme bandera cubana: la sostienen en posición horizontal alrededor de veinte personas, estirada hacia el sol, como para que la vean desde lo alto el comandante Raúl Castro, su familia y sus invitados extranjeros. Segundos después, otro grupo, en la misma disposición y con una bandera idéntica, que apenas mantiene el equilibrio y reprime las risas porque en una de las pausas en el camino quedó de pie sobre una gran extensión de mierda dejada por los caballos de los mambises.

Decido convertirme en pueblo combatiente y camino justo delante del último pelotón, que lleva con un orden casi militar —casi— una gran cantidad de banderas del Movimiento 26 de Julio, sostenidas en astas de unos dos metros y medio.

Me percato de una probable imprudencia. La marcha no puede abandonarse por los costados. Los del servicio militar impiden el paso. Regresar es complicadísimo, incluso violento: el contingente con las banderas rojinegras ocupa la avenida a todo lo ancho y varios metros de largo, y además las banderas, francamente, intimidan. Atravesarlo hubiera sido una falta de respeto, por lo menos. Me resigno entonces a desfilar hasta quién sabe dónde, tal vez —imagino— durante horas. «Bienvenido a La Habana», me digo entre divertido y angustiado, con algo parecido en mi cabeza a los desfiles militares de Kim Jong-un en Corea del Norte, o aquellos del Ejército Rojo que veíamos en los noticieros de los setenta y los ochenta, con gigantescos y sonrientes rostros de Lenin, Stalin; esas imágenes infernales de geometría en movimiento, trazadas con regla y compás. «A ver si me detienen por no llevar adecuadamente la formación», pienso.

Pero estamos en Cuba.

La marcha recorre tal vez un kilómetro y medio, incluso algo menos, hasta atravesar la Plaza de la Revolución. Arriba y a nuestra derecha, frente a ese ¿obelisco, columna, torre? que parece amenazar con derrumbarse sobre los desfilantes, los VIP, indistinguibles, contemplan desde las alturas. A la izquierda, al fondo, los Ministerios del Interior y Comunicaciones, con los rostros silueteados del Che de Alberto Korda, «Hasta la victoria siempre», y Camilo Cienfuegos, «Vas bien, Fidel». Del mismo lado pero en primer plano, jóvenes uniformados con pañoletas al cuello y una banda militar que compite con el sonido ambiental, unos megáfonos que decidieron descomponerse en tan solemne ocasión y parecen a punto de causar una epidemia de sordera en el pueblo combatiente, que rompe —rompemos— el protocolo para taparse las orejas con las manos, entre sonrisas irónicas y varios «coooooño» gritados, porque un grito con ese ruido es un murmullo, de modo que nadie que no deba llamarse a ofensa se llamará a ofensa. Pienso que hay sociedades en las que el único paliativo para el miedo, el control, el vigilantismo, es la ineficiencia.

De pronto, pasados tal vez 15 minutos desde que iniciamos la caminata, bordeamos por la izquierda los dos ministerios, rebasamos la Biblioteca Nacional José Martí, con cubanos en el parque vecino que miran su celular y no nos miran a nosotros, y… la marcha se disuelve. Cada quien tira por su lado, solo o en grupos pequeños que conversan, y se pierde entre las calles culebreantes de la zona o se sienta a descansar en otro parque, siempre teléfono en mano, o prende un cigarrillo o ataca uno de esos panes redonduelos, o bebe agua.

¿Qué pasó?

«Que los jefes sólo se fijan en que los trabajadores lleguen al inicio de la marcha», me dice M, mi anfitriona, con una sonrisa irónica, cuando regreso a casa, un rato después.

El socialismo como un eterno pase de lista.

Atravesar migración en el aeropuerto José Martí de La Habana me resulta casi decepcionante.

Pocas semanas antes de mi viaje, cuando iba a cubrir los días inmediatamente posteriores a la muerte de Fidel Castro, el periodista Carlos Loret de Mola, titular de un muy conocido noticiero en la televisión mexicana, también había sido retenido durante más de una hora por las autoridades, eso luego de las dos de rigor frente a la ventanilla migratoria. «Usted es cubano», le decían contra toda evidencia —Google los hubiera sacado del error en un pestañeo—, sobre el argumento de que su apellido es justamente cubano, de que había un Carlos Loret de Mola en la isla, cosa que al parecer es cierta, y entre amenazas de deportación. Una prueba, pensé cuando me lo contó, de que sabían perfectamente quién era, y con ese gesto le dejaban una advertencia. Carlos dudó que hubiera existido premeditación. Tiempo después, contó la anécdota en su columna del periódico *El Universal* y, con reservas, atribuyó el mal rato a las pulsiones burocráticas de la migración cubana, o de Cuba entera para el caso. A la salida, notablemente, volvieron a detenerlo. Se acordaban del periodista que en una de esas era cubano.

A mí, pasar me tomó tal vez 15 minutos, fila incluida. La agente de Migración, ni siquiera demasiado antipática, revisó mis papeles, me hizo la foto de rigor y me dio pase tras sellar el pasaporte. Hasta un «Bienvenido» masculló, aunque uno de esos tan desconcertantes que no llevan aparejada una sonrisa.

Me hubiera gustado pensar que tenía mejores credenciales anticastristas. Que, en efecto, como me habían afirmado algunos amigos cubanos, la seguridad del Estado monitoreaba la televisión mexicana, prohibida en la isla, y mantenía un control estricto de quién y qué decía en ella. A fin de cuentas, llevaba ya varios años despotricando contra el régimen en distintos espacios, el del propio Carlos Loret para empezar, y a Cuba entré con las palabras del escritor Héctor Aguilar Camín revoloteando en mi cabeza: «Fidel Castro fracasó en todo menos en conservar el poder a cualquier precio. La Revolución cubana es una victoria pírrica», dijo en una emisión de otro programa televisivo, *Es la hora de opinar*, que dedicamos al asunto unos días después de la muerte del dictador. Bueno, pues a Fidel, o propiamente a la seguridad del Estado que fue su gran herencia, me le salí del radar.

Pero los mecanismos de control están ahí. M me pide el pasaporte, con otra sonrisa irónica, resignada, con clara vergüenza. Está obligada a tomar tus datos, llamar al Ministerio del Interior, de ser necesario cinco, seis o doce veces, como es habitual, y reportar que el ciudadano mexicano Julio Patán Tobío, llegado el 1° de enero de 2017, número de pasaporte tal, se hospedará ahí. Me acordé de la España del último franquismo y el primer postfranquismo, donde te pedían el pasaporte hasta para comprar un paquete de cigarrillos, por decirlo así.

Tiene razón Aguilar Camín. Se ha discutido mucho sobre la filiación bolchevique del Comandante en Jefe, probablemente sin conclusiones demostrables posibles. Si fue un comunista de la primera hora que supo disimularlo para·sortear las presiones norteamericanas, como no se molestaron en hacer su hermano Raúl o el Che, o si viró al socialismo por mera desesperación o conveniencia una vez que no hubo más remedio, con la enemiga de los gringos encima. No fue en todo caso un marxista ortodoxo, ni tampoco un ejecutor y promotor fiel de la forma soviética de estar en el mundo. Los soviéticos, según autores como Enrique Meneses, veían a Fidel como un advenedizo en la Iglesia de Marx. Un *parvenu*, es el término que usa el periodista español. Un término que es probable que, aquel año 61, hubieran usado también los soviéticos, que recibieron fraternalmente en sus tierras al camarada Blas Roca, él sí un comunista de la vieja guardia, es decir, un representante del sector que en opinión del Kremlin convenía fortalecer como antídoto al creciente poder del Comandante, una figura que se veía desde la madre Rusia como díscola y desordenada. Se imponía, pues, una reestructuración del Estado, un reordenamiento.

Fue en ese contexto que Fidel sentenció ya sin ambages: «¡Soy un marxista-leninista y lo seré hasta el día de mi muerte!», sólo para dejarse ir contra sus presuntos compañeros de ruta unos días más tarde, ante los medios, cuando acusó a los comunistas cubanos de lo que en efecto estaban haciendo, aunque en realidad no sin su espaldarazo: apoderarse de los sindicatos, de las plazas de gobierno, de la educación, de los servicios secretos, de los medios de comunicación. Castro podía ser un marxista-leninista, pero lo era a su modo. No era el títere de Moscú, no era el chico de Kruschev en la isla. Era el representante de un socialismo a lo cubano, lo que en su opinión significaba de *su* socialismo, del socialismo a lo Fidel.

El Estado *c'est moi.*

Le funcionó. Más allá de la pugna entre el socialismo y el capitalismo, el mundo se debatía entre varias formas del comunismo, destacadamente la estalinista y la maoísta, la rusa y la china. Y el país de Mao volteaba hacia la isla. No convenía, pues, abrir ese flanco. De este modo, los soviéticos destituyeron a su embajador, proclive a la facción de Roca, y dieron marcha atrás en su beligerancia anticastrista.

Aun así, el camino de Fidel por el sendero del totalitarismo de izquierda no fue sustancialmente distinto del de sus pares en la URSS, China o Corea del Norte e incluso la Nicaragua sandinista, por mencionar cuatro casos.

Término complicado, *totalitarismo.* No lo inventó Benito Mussolini, que sin embargo optó por robárselo, desproveerlo de la carga negativa con que lo acuñaron sus detractores y convertirlo en el emblema de su régimen. Su definición es todavía de una perfecta sencillez, y le queda como anillo al dedo al sistema impuesto por Castro, que —a propósito— tuvo siempre admiraciones discretas pero significativas por el Duce: «Todo dentro del Estado, nada fuera del Estado, nada contra el Estado». Eso fue la Cuba de Castro: un país, como Corea del Norte, como los del dominio soviético en Europa, desde luego como China, donde no había más instituciones que aquellas sancionadas por el Estado; que las oficiales. Como en el fascismo italiano y como en el régimen nazi, que representan la otra forma del totalitarismo, según sabemos desde que a Hanna Arendt se le ocurrió escribir *Los orígenes del totalitarismo.*

Conocedor profundo del fenómeno totalitario, lo mismo en la teoría que en la práctica, Tzvetan Todorov, búlgaro afincado en Francia, dice que uno de los rasgos del totalitarismo de izquierda es que la carga ideológica termina por pasar a un segundo plano, o por convertirse en una mera herramienta retórica, y que el objetivo real del que detenta el poder es justamente la conservación del poder. Ahí la lucidez de Aguilar Camín. Por eso, Stalin y Mao, para mencionar dos casos, abandonaron poco a poco la jerga marxista, aunque sin desecharla completamente, se aproximaron en cambio al nacionalismo extremo y sobre todo dieron cuenta de gran parte de sus compañeros de ruta, de sus viejos camaradas de armas, que no sólo constituían una amenaza potencial para su hegemonía sino el recordatorio vivo de un sustrato ideológico que podía ser contraproducente.

Fidel Castro, el zar en uniforme verde olivo que en sus días postreros fue el zar en pants Adidas, no llegó a los extremos del «Zar Rojo», Stalin, en su afán de mando. No hay por supuesto en Cuba evidencia de un proceso equiparable por sus dimensiones al de las purgas estalinistas, con el descabezamiento de la vieja guardia comunista, la supresión de la cúpula militar —no vaya a ser el diablo— o las hambrunas tanto inducidas como inevitables que acabaron con millones y millones de personas. Fidel no alcanzó proporcional, estadísticamente, ni de lejos, los 20 millones de soviéticos inmolados en el altar de la utopía marxista. Es imposible saber por qué. Probablemente le faltaba la escuela política rusa, esa que describe Simon Sebag Montefiore en *Los Romanov*: la de la intriga y el terror como fundamentos de la autocracia, heredada por Lenin y sobre todo por Stalin, que hizo lo impensable: radicalizarla. Pero al barbón nunca le tembló el pulso. Virtuoso de la conservación del poder, fusiló o hizo fusilar lo mismo en la Sierra Maestra que en el año 59 y el 89, mandó al exilio a los enemigos, sí, pero también enseguida a los amigos incómodos y por fin a los indiferentes; implementó cárceles y campos de concentración; torturó, mandó matar, humilló públicamente a los que le hicieron caras o levantaron la voz. La nómina de los represaliados es larguísima. Este libro gira en buena medida en torno a ellos.

Pero, desde luego, no sólo en torno a ellos. La periodista Karla Iberia Sánchez me pregunta luego de leer este manuscrito: «¿Por qué decidiste escribirlo? No me lo dices en ninguna parte». Tiene razón y me provoca unas semanas de zozobra. La pregunta me obliga a dedicar las siguientes líneas a sortear la sandez, el lugar común sin fundamentos, de que todo libro es autobiográfico.

Y es que, la verdad, esa pregunta, como la noticia de la muerte de Fidel Castro, como cada discusión de sobremesa en torno a los presuntos logros de la Revolución, me remite de golpe, sin decir agua va, a una serie de imágenes, de secuencias, de instantáneas de mi infancia y mi adolescencia. A la habitación de mi tía abuela Oliva, exiliada española, ferviente comunista de la línea sovietizante, mujer de convicción inquebrantable que marchó para homenajear a la Revolución cubana cada aniversario, cuadra a cuadra, frente a la embajada gringa, y no descolgó nunca ese cartel de Lenin de la pared de su habitación en el centro de la Ciudad de México, ese que charoleaba con la luz de 5 de Febrero. A mi propia habitación, con un póster casi tan grande del Che —siempre la foto de Korda—, y bajo la foto la carta donde se despide de sus hijos, con una profusión de diminutivos y un adelanto de su muerte predecible y grotesca, ese entregar la vida para cumplir el plan de joder la de la humanidad entera. A ese concierto de la nueva trova cubana en el Auditorio Nacional al que me llevaron mis compañeros de escuela como para revelarme una verdad poderosísima —una verdad revolucionaria pero también estética— y en el que me aburrí espantosamente con esas gangosidades metafóricas, aunque no tuve el valor de reconocerlo y decir que mejor seguía con los Beatles y Led Zeppelin. A la portada con un soldado cubano de ese libro que no sé de dónde salió ni cuándo desapareció de mi librero, releído varias veces, sobre la invasión a Playa Girón, del que sólo recuerdo un párrafo en el que el cronista, un defensor

17

de la utopía fideliana, describe cómo las balas de su ametralladora atraviesan el cuerpo de uno de esos *gusanos*, uno de esos cerdos filoimperialistas, y las heridas brotan —eso decía— como flores rojas. Me encantó la imagen. Poesía, carajo. O a las discusiones de domingo en la casa de la abuela paterna, entre quienes aún creían en las virtudes de la Revolución soviética y quienes, espantados por el estalinismo, limitaban sus loas a la cubana, esa sí, incuestionable. O al entusiasmo socialista de los amigos del exilio argentino, chileno, uruguayo, en disquisiciones políticas en el patio de la escuela que sólo abandonábamos para rendir un tributo levemente tardío a *Star Wars*, que mi amigo Federico Bonasso interpretaba en clave de lucha antimperialista latinoamericana, o para hablar de futbol.

Imágenes, secuencias e instantáneas, pues, de días de fe.

Porque, como tantos hijos y nietos del exilio, fui criado, digamos que paradójicamente, en el ateísmo y la fe. Éramos ateos, comecuras, militantes del «pensamiento científico», pero también, sin saberlo, religiosos: creíamos en la utopía marxiana. Mi familia no era un núcleo de talibanes de izquierda, en todo caso ya no. Mi abuelo paterno, veterano de la Guerra Civil española, no abjuró del comunismo ni siquiera cuando se dedicó a ahogar en alcohol, ya sin reservas, esa sensación de derrota histórica que fue el triunfo de Franco. Mi madre estaba en el bando de los que descreían de la URSS, pero no se curaba aún de la toxina castrista como haría luego con su cabeza tan bien amueblada, y sólo mi tía Sonia, niña de Rusia, criada en los rigores soviéticos, manifestaba ya un rechazo claro y contundente a las posibilidades del socialismo real. Estaban todavía por ahí el discote con el coro del Ejército Rojo, el pin que decía CCCP, algún libro de la editorial Progreso, aquella que difundió a Lenin en español y destrozó a los clásicos rusos en la misma lengua o una que se le parece mucho, una especie de rusoñol. Estudiamos en escuelas de izquierdas, como el Colegio Madrid o —ese fue mi caso— el Instituto Luis Vives, productos del exilio republicano, y eludimos sistemáticamente entornos de derechas como el Club España o el Casino Español, templos paganos. Y aplaudimos en cada olimpiada los logros medallísiticos de la URSS, de la Alemania Democrática, de Cuba, evidencias de que sí, el socialismo algo tenía que aportar a la humanidad. (También lo aportaban en uniformes Adidas, dicho sea de paso.)

Apoyamos, aplaudimos, celebramos, cantamos una monstruosidad. Y lo hicimos desde la dulzura, desde el bien, desde la generosidad. Con la certeza de los justos. Siempre me pregunté qué hubiera hecho Oliva, toda ternura, si hubiera ganado la guerra contra el fascismo: qué precio hubiera hecho pagar a los alzados. Qué tan lejos hubiera llevado la contradicción interna, esa tensión entre la bondad extraordinaria que llevaba en los huesos y la firmeza de su fe.

Viajar a Cuba, pues, era reencontrarme con mis años de adolescencia y tal vez los de primera juventud. Para responderse la pregunta de por qué sus padres rindieron tributo al estalinismo, por qué celebraron la utopía leninista, con sus 20 millones de muertos, su complicidad con el nazismo y su instrumentación del totalitarismo, en 2015 el cineasta ruso Vitaly Mansky decidió viajar al penúltimo vestigio de socialismo real *old fashioned*: Corea del Norte (los regímenes de Venezuela o Bolivia son primos del socialismo real —utopismos tropicalizados—, pero de momento nada más). Con enormes dificultades, consiguió permiso para filmar el proceso de crecimiento, formación, educación formal de una niña crecida bajo la ingeniería social inventada por Kim Il-sung y continuada por su hijo y su nieto; por los Kim. Lo supervisaron, desde luego, en cada metro cuadrado de suelo norcoreano que pisó, impusieron límites sobre los encuadres y sobre los tiempos de rodaje, suprimieron o recortaron escenas. Intentaron crear a través suyo, pues, otra pieza de propaganda. Pero hacer cine, cine de verdad, puede ser casi lo mismo que hacer montaje. Mansky editó, reensambló, contrapunteó gracias al guión, y convirtió esa pieza de propaganda en una reflexión, en una mirada cáustica sobre el totalitarismo, sí, pero también en una especie de autoexploración. De alguna manera, se reencontró con su pasado y con sus mayores. *Under the Sun*, se llama la película.

Si tuviera al menos una parte de su talento, mi Cuba sería su Corea del Norte.

Abstracciones al margen, ¿de qué manera conservó Fidel Castro el poder? Una respuesta exhaustiva implica el trabajo de una vida entera. Sin embargo, hay datos reveladores que pueden ayudar a entender mi desconcierto aeroportuario. Uno que da información de primera mano es Dariel Alarcón Ramírez, el famoso Benigno. Guajiro de la zona de Manzanillo, sumado a las fuerzas revolucionarias cuando las tropas batistianas asesinaron a su esposa, se destacó en la Cuarta Columna, la de Camilo Cienfuegos, como ametralladorista. Luego del triunfo del 59, tuvo un largo recorrido en diversos cargos dentro del ejército, por ejemplo, como instructor de cualquier cantidad de guerrillas o de plano en organizaciones terroristas —la línea fronteriza entre unas y otras es borrosa—. Por los campos de entrenamiento cubanos pasaron desde los Tupamaros uruguayos hasta el M-19 colombiano o el Frente Patriótico Manuel Rodríguez chileno, desde los matones de ETA hasta el IRA irlandés y los Black Panthers gringos, y desde el psicópata de Abimael Guzmán, el atroz Presidente Gonzalo del Sendero Luminoso peruano, hasta el sociópata de Ilich Ramírez, Carlos o el Chacal, que de ambas maneras se le conoce. Y hasta, dice Benigno, y al decirlo podría derrumbar una vieja certeza — en teoría, Cuba nunca apoyó movimientos armados en el país que era su gran aliado—, guerrilleros mexicanos, un total de 24, en los años ochenta, entre ellos acaso el Subcomandante Marcos, el jefe del Ejército Zapatista de Liberación Nacional.

Destinado también con una unidad de fuerzas especiales en Angola, Dariel Alarcón se hizo famoso sobre todo porque fue uno de los sobrevivientes de las campañas congoleña y boliviana del Che. Profundamente decepcionado, se exilió el año 94 en Francia, donde murió en 2016. Antes, sin embargo, publicó un libro, *Memorias de un soldado cubano*, del año 97, donde pone a Fidel, como tantos otros, a parir: «una hiena en la forma de actuar y un imbécil en la forma de pensar», dice en algún momento. Significativamente, el libro, en su edición en lengua española, lo trabajaron en conjunto Benigno y Elisabeth Burgos, escritora y traductora venezolana que es, además, esposa de Régis Debray, otro de los veteranos de la guerrilla guevarista.

¿Qué cuenta Benigno del modo fidelista de conservar el poder? Que en cada centro de trabajo hay por lo menos un oficial de Contrainteligencia, sino es que una sección completa, incluida, en una forma kafkiana de la vigilancia estatal, la inteligencia militar (vaya, que ni las Fuerzas Armadas Revolucionarias se salvan de ser espiadas). De hecho, dice Benigno, en cada cuadra, sin más, hay un oficial de Contrainteligencia, uno de Inteligencia, supongo que para balancear, y uno del DTI, el Departamento Técnico de Investigaciónes. En ciertas cosas no se puede escatimar.

Lo que cuenta Dariel está en perfecta sintonía con lo que se sabe de la seguridad del Estado cubano en general. Entrenada en plena Guerra Fría por los aliados de la órbita socialista, por la KGB soviética para empezar, la también llamada G2 se estructuró en torno a la famosa fórmula de la Stasi de Alemania Democrática, su otra maestra, prestigiada en su momento, si esa es la palabra, como la mejor de las agencias de espionaje de este planeta. Esa fórmula según la cual controlar debidamente a un país implica que el aparato represivo esté formado por el equivalente a 0.5% de la población, es decir, según el censo cubano, unos 60 000 efectivos, a los que se suman las diversas policías y, por supuesto, los Comités de Defensa de la Revolución, los famosos CDR, omnipresentes todavía en la isla, según comprobé durante los días por venir.

Se tomaban muy en serio los asuntos de seguridad del Estado, inteligencia y contrainteligencia, los soviéticos. La vigilancia. La represión, para decirlo en plata. Terminada la Segunda Guerra Mundial, Stalin, contra lo que suele pensarse, tuvo una política de calculada mesura en los países que formarían el Telón de Acero. Con sus particularidades locales, sus tiempos distintos, sus mil matices, tuvieron los países del bloque soviético, en los primeros años de posguerra, gobiernos de coalición, mercado libre, medios más o menos autónomos, llamados a elecciones y pluralidad religiosa. Incluso gobiernos que no provenían de organizaciones comunistas, caso del socialista Edward Osóbka-Morawski en Polonia, o no totalmente, como el del primer gobierno provisional húngaro, formado por cuatro partidos. Terminarían por sucumbir, entre otras cosas, porque hubo un terreno donde la Unión Soviética no transigió ni admitió liderazgos al margen de sus fieles, y fue el de los servicios de inteligencia y seguridad del Estado.

En cada zona de Europa del Este donde el Ejército Rojo había desterrado el nazismo, incluida la propia Alemania Democrática, la URSS replicó el modelo del Comisariado del Pueblo para Asuntos Internos, la lúgubre NKVD, luego convertida en el Comité de Seguridad del Estado, la famosa y no menos lúgubre KGB. Ese es el origen de la Policía Secreta polaca, la SB, o de la Agencia de Seguridad del Estado húngara, la AVO. Sobre todo, es el origen de la Stasi, como se conocía popularmente al Ministerio de Seguridad del Estado en la Alemania del Este.

Cuando Fidel Castro y los suyos tomaron el poder, llevaba dos años a cargo de la Stasi una leyenda del espionaje, Markus Wolf, también llamado Mischa Wolf, el Espía Romeo, y sobre todo el Espía Sin Rostro. En mucho habrá ayudado Wolf, alemán de origen judío exiliado en la URSS, juzgado luego de la caída del Muro de Berlín en la Alemania unificada y muerto en 2006, a preparar debidamente a la seguridad del Estado castrista. A controlar a cada mujer, hombre o bacteria que entrara o saliera de la isla.

Y nada.

Pasé a la zona de bandas giratorias, logré averiguar que el equipaje del vuelo de la Ciudad de México aparecería en la número 4, desconcertantemente asignada en el monitor al vuelo de Cancún según logré averiguar luego de acercarme a varios uniformados francamente aburridos. Recogí mi maleta unos 15 minutos después y me resigné a hacer mi primera fila socialista, la del cambio de divisas. Fue breve, vista en perspectiva, aunque entonces me pareció eterna: tal vez 45 minutos, una hora. Descubrí con sorpresa, casi con indignación patriótica, que la moneda convertible cubana, impuesta en la isla a raíz del Periodo Especial de los noventa y que guarda paridad con el dólar por la razón más frecuente en Cuba, o sea por decreto, ve de reojo al peso mexicano, con desprecio. El cambio está bastante castigado. Ahora resulta que la economía 62 del planeta tiene una moneda mucho más fuerte que la economía 13.

El taxista me cobró, por supuesto, 20 de esos poderosos pesos más de los debidos, y sólo después de hacerme acompañar por una amable cubano-americana en sus 60 que respondió con cierta cautela a mis esfuerzos por hablar de Donald Trump: dos clientes en un mismo viaje a precio de taxi neoyorquino. El taxista me dejó su tarjeta, por si quería ir a la playa, por ejemplo. Tenía la cara del Che a colores sobre su nombre. Fue directo a la basura, como un avance de lo que pasaría en los días posteriores.

Cuba es cara, en todo caso. No cara-Londres, cara-Nueva York o cara-París, pero cara. La idea, en principio, era instalarme en un hotel. Los problemas logísticos que podía enfrentar me intimidaban: Internet, claro, pero incluso comprar papel de baño o abastecer el refrigerador de una casa rentada podía significar una inversión excesiva de tiempo. El problema era que los hoteles, por otro lado saturadísimos, no sé si porque se multiplicaron los que como yo querían ver una Cuba sin Fidel, exigían y exigen con frecuencia cantidades absurdas. Había que pagar no menos de 500 dólares por noche para instalarte en el Meliá Habana, con cierta pinta de haber sido transportado en una máquina del tiempo desde los noventa a juzgar por el *lobby*, o el anciano decadentón pero sexy que es el Nacional, viejo enclave de gángsters y estrellas de la farándula gringa, ambos muy lejos de los estándares habituales por esas cantidades en el mundo capitalista. «Tu adelanto por el libro se va a ir a la mierda, compadre», escuché decir a mi editor. Opté por la tercera vía: Airbnb. Fue un acierto, y ya se verá que no sólo por el precio: 50 dólares por noche más siete, opcionales, por el desayuno.

Mi anfitriona me recibió con pasmo ese primer día de enero: «¿Pero ya llegaste? ¿No venías en el vuelo de las dos?». Me costó entender la pregunta. Eran las cuatro, minutos más, minutos menos. ¿Serían habituales los retrasos? En efecto: los retrasos en la entrega del equipaje. Es casi imposible, en el José Martí, que tu maleta llegue antes de dos horas de aterrizado el vuelo, y no es raro que se tarde hasta cuatro. La pregunta vuelve: ¿es ineptitud, o más bien una voluntad totalitaria de revisar cada maleta? Una u otra, sentí la necesidad de rendir un tributo al personal del Benito Juárez de la Ciudad de México. Tampoco es que me haya durado mucho.

Las revistas de viajes a menudo dicen otra cosa, pero La Habana se cae a pedazos.

Hay, sí, un puñadito de barrios o zonas equiparables al mundo desarrollado, o con las zonas privilegiadas de los países más pobretones que no han optado por el ideal igualitario como Cuba.

Está, desde luego —siempre a la distancia, entre la tupida vegetación, los guardias armados y las vallas, un poco sumido en el misterio—, el búnker de muchos, muchos metros cuadrados donde eligió vivir el Comandante en Jefe con su familia y que, según se cuenta, aspira a ser autosustentable —huertos, animales de cría, vacas «personalizadas» que dan leche a gusto del consumidor, plantas de agua, etcétera—. Ha de ser porque entre las 600 tentativas de asesinato que cuentan que perpetró la CIA contra Fidel abundaron los venenos. El búnker está en Siboney, cerca de La Habana y del mar, se le llama Punto Cero (igual que a un centro secreto de entrenamiento militar escondido en algún lugar de la isla al que tendremos que volver), y tiene 30 hectáreas tapizadas de árboles, alberca y una cabañita de 500 metros cuadrados de construcción donde solía descansar el Comandante, eso sin mencionar las casas de los escoltas y el resto de la familia.

Se dice que para salir cada día atravesaba Castro un complejo sistema de puertas, no fuera a aparecer el diablo. Y es que en ese país no hay lugar para dos príncipes de las tinieblas. Al único príncipe de las tinieblas lo visitaron ahí lo mismo hombres simples y encantados de conocerlo, como Maradona o Nicolás Maduro, que hombres no tan simples y encantados de conocerse, como el cineasta Oliver Stone, que —faltaba más— un papa como Francisco.

Está, claro, la exclusiva privada donde se levantan viejas casas sin un raspón, albercas, pastos impecablemente cortados y abundante personal de servicio, reservadas a extranjeros distinguidos. Es decir, a los *amigos* del régimen, esos que han atinado a honrar a la Revolución, ese proyecto de una sociedad sin clases sociales que sin embargo ha sabido entender que dentro de la única clase social caben muchísimos tonos de gris. Ahí, en una de esas casas, disfruté una cena con abundante bebida por cortesía de Nela Cisneros, la propietaria.

Y está, claro, el que tal vez sea el caso más notable, excepción hecha de la parte restaurada de La Habana histórica, que es el de la zona de embajadas, en el barrio de Miramar. Organizada en torno a una fila india de representaciones diplomáticas que parece una magna exposición del autoritarismo petrolizado planetario —Venezuela, Nigeria, Arabia Saudita—, muestra un camellón con andador en buenas condiciones por el que corre gente con *shorts* Adidas y tenis Nike o viceversa, un bonito parque con una estatua de Emiliano Zapata que no se parece a ningún Zapata visto antes, y otro parque enfrente, con un contradictorio tributo a Gandhi, el santo patrón de la lucha no violenta, nada menos que de parte de la Revolución cubana, tan belicosa ella.

(Claro que no son raros los homenajes raros en Cuba. Está el caso del parque dedicado a la Madre Teresa, nada menos, y uno más a la princesa Diana de Gales: el catolicismo ultramontano y el espíritu monárquico del Imperio británico.)

Entre bonitas casas que pueden remitir al caminante a Las Lomas, en la Ciudad de México, y aburridos hotelotes de cadena en condiciones aceptables, hay en la zona, tal vez, sólo tres concesiones realmente rotundas a la fealdad.

Una es la inaudita embajada rusa, evidentemente heredada de tiempos soviéticos, que nadie debe morir sin contemplar para entender cómo la arquitectura puede dar miedo, y ciertamente no el miedo majestuoso, el miedo placentero de la belleza extrema, de una catedral europea o del barroco mexicano. Es un mazacote gris, con ventanas reducidísimas, que recuerda extrañamente a un robot japonés gigante de cine sesentero, de esos que solían devastar Tokios de cartón piedra o luchar contra monstruos de papel maché, pero que hubiera sido recubierto con una capa de hormigón bolchevique. Asusta pensar lo que ha pasado dentro de esos muros, pero así y todo es un edificio en buen estado. Que nadie acuse a Vladimir Putin de tacaño.

Feos son y deteriorados están, en cambio, los hoteles gemelos casi idénticos —los hoteles *jimaguas*, en términos de la santería— que descansan o más bien agonizan frente al mar, en la Avenida 3, como si hubieran encallado hace muchos años: el Neptuno y el Tritón, enormes, también con una impronta de arquitectura soviética, llenos de herrumbre y ventanas opacas. Fueron los dos primeros hoteles construidos tras el triunfo de la Revolución, a mediados de los setenta, y no se construyeron desde la mesura. Con 22 pisos y 200 y pico habitaciones, iban a darle un impulso decisivo a la industria hotelera. Dos estrellas y media en la página de viajes más amable, contra las tres que anuncian ostentosamente sus fachadas.

El resto está impecable.

Basta caminar una media hora o poco más rumbo al Malecón, sin embargo, para que el panorama cambie seriamente. Sorprende, por ejemplo, el caso del edificio en que me quedé. Mi anfitriona es una virtuosa de la hospitalidad: la recomiendo con los ojos cerrados. Pero el edificio, al margen de su departamento, es otra historia. Está en Miramar, y puede presumir de una muy guapa vista del océano con las lanchas de los pocos pescadores autorizados por el régimen. Es un edificio donde vivieron personajes como Alberto Korda, el del póster en mi cuarto: el fotógrafo de *la* foto del Che, y en sus días íntimo de Fidel, si tal cosa era posible, o sea si Fidel era capaz de alguna intimidad más allá de la sexual. Es decir, un edificio para clases medias altas, y por cuyos departamentos hoy los foráneos ofrecen hasta un cuarto de millón de dólares, convencidos de que el régimen se abre al mundo y es momento de invertir. Bien, pues ese mismo edificio puede mostrar un alto grado de desgaste en los muros y ventanas, entre baldíos con hierbajos bastante crecidos y una orilla del mar atiborrada de plásticos y papeles. Algo impensable en el que, sin mar, podría ser un barrio equivalente en una ciudad como la de México, digamos la Condesa o la Roma anteriores al último sismo, o Chamberí en Madrid.

A partir de ese punto, con un par de islotes como excepción, la ciudad enterita, en efecto, parece desmoronarse cada vez un poco más según recorres sus calles. Así y todo, de manera un tanto paradójica —y sin que medie la *pornomiseria*, la condescendencia del turista en busca de pobres verdaderos, del cazador de autenticidades—, es ahí donde empieza el encanto difícil de explicar de la capital cubana, el secreto de su capacidad de seducción.

El misterio de La Habana.

La descomposición física de la capital cubana puede narrarse como una *road movie* que transcurriría en unos ocho kilómetros, y que tendría su inicio en el Malecón, o sea donde empieza (o acaba) Miramar, y terminaría en La Habana Vieja, con algunas escapadas cuesta arriba, hacia la zona de Habana Centro y El Vedado.

Llegar al Malecón desde Miramar significa atravesar un paso subterráneo ruidoso donde conviven coches y peatones. Nada más volver a la superficie, unos cinco minutos después si vas a pie, cada edificio a la vista muestra un estado de deterioro que va de medio-alto a altísimo, según la suerte o la astucia de sus inquilinos. Salir del paso a desnivel y llegar al Malecón es llegar a otro mundo.

Hasta hace relativamente poco, los 11 millones y pico de cubanos que aún viven en su país trabajaban de una manera u otra para el Estado, que no sólo concentraba la administración pública, con su recargada nómina burocrática, sino también —como todavía concentra en grandísima medida— la educación, los servicios turísticos, la producción de todo (y más a menudo la decisión de importarlo, porque lo de producir no abunda en esas tierras) y la distribución de ese mismo todo que en realidad es muy poco. También, con ciertos ecos feudales, la propiedad de cada metro de terreno.

En 1960, o sea transcurrido poco más de un año desde el triunfo de la guerrilla, se dejaba sentir ya la radicalización de los cambios políticos y económicos que fraguaban Fidel Castro, el

Che, Raúl y sus adláteres. Eran de escándalo a esas alturas las ejecuciones arbitrarias y la prisión por años o décadas, no sólo de presuntos integrantes del aparato represivo de Batista, sino también de muchos revolucionarios ajenos al ideario *marxiano*. Es el año de la Reforma Agraria, las expropiaciones masivas de empresas —unas 550 en menos de dos meses, entre las norteamericanas y las cubanas—, y también de las propiedades de los ciudadanos de a pie, conforme a la Ley de Reforma Urbana que prohibía «el arrendamiento de bienes urbanos y cualquier otro negocio o contrato que implique la cesión del uso parcial o total» de cualquier propiedad. Dicho claramente, a partir del sesenta nadie en Cuba era libre de rentar o vender la casa en que vivía incluso cuando hubiera sido capaz de pagar una «indemnización» al Estado para hacerse nominalmente de ella.

Así, de hecho quedaba abolida la propiedad privada y por tanto correspondía al Estado, ese supremo distribuidor de bienes y servicios, lograr que cada casita tuviera la mano de pintura, la gotera sellada, el suelo pulido. O un techo sin boquetes, para el caso. O mejor: un suelo firme. El Estado fracasó en el intento, como resultará obvio a cualquier visitante, con lo que a partir de 2011 la administración de Raúl Castro, que tomó el relevo de su hermano Fidel en 2006 —a los 75 años, por aquello de que la Revolución necesitaba con urgencia sangre nueva—, decidió ponerle *rewind* a esas disposiciones y dar pie a algo ya muy parecido a la plena posesión de tu casa, que puedes arrendar o vender con algunas restricciones referentes, por ejemplo, a cederla, sin más, a un extranjero.

Desde entonces, la manita de gato quedó formalmente, pues, en manos del propietario, como en el resto del mundo. O no. Y es que el Estado se reserva todavía una cantidad incalculable de responsabilidades, o tal vez habría que decir: privilegios, porque la distinción siempre es confusa en las sociedades utópicas.

Privilegios como el de producir, sí, aunque en Cuba producirse, a estas alturas, casi literalmente ya ni azúcar, que se importa de Brasil y Colombia, a 47 años de la legendaria zafra de los 10 millones ordenada por Fidel como uno más de sus muchos manotazos antiimperialistas en la mesa, porque la producción local no da ni para el consumo de los propios cubanos. En 2007, por ejemplo, la zafra arrojó resultados similares a los de 1894, esto es, un millón de toneladas, poco más, poco menos, y ya en 2005 Cuba había firmado un acuerdo con Bielorrusia para comprarle azúcar ¡de remolacha!

La Revolución como el triunfo del betabel sobre la caña.

O privilegios como el de comprar e importar y luego distribuir. O directamente el de prohibir. La revolución castrista, que tantas necesidades quiso identificar en el pueblo, sigue sin entender que los seres humanos necesitan ventanas, de modo que la compra de un vidrio depende de que alguien logre escamotearlo de alguna bodega del Estado. Y si es caro e ilegal comprar un vidrio, no más barato ni más fácil es hacerte de pintura, una chapa, un cable o una moldura.

La Revolución como la utopía sin cristales.

«¿Quieres saber cómo es la vida en Cuba?», me pregunta M al día siguiente del desfile con esa sonrisa suya. «Vamos de paseo».

Tomamos un coche gringo años cincuenta de los que usan los cubanos de a pie, un «almendrón», destartaladísimo, muy diferente de esos, con entrañas de, por ejemplo, Toyota, reformaditos, prístinos, que se rentan a 20 dólares la hora para los turistas. El objetivo último es comprar una regadera, todo un reto. Pero M no me va a dar una jornada fácil. Antes de la regadera, internet.

Hay dos maneras conocidas de conectarte a la red en Cuba: ser un alto mando del régimen y hacerlo desde tu casa cuando te dé la gana, o sea como cualquier ciudadano en casi cualquier parte, o comprar unas tarjetas que ofrecen una hora de conexión por algo más de un dólar y hacerlo desde algunos parques o en el Malecón, según toca al pueblo combatiente y los visitantes de la isla que no están en un hotel de los grandes (que de todas maneras cobran una pequeña fortuna por el servicio). Esto puede hacerse de dos maneras. Una, pagar un extra a algunos de los revendedores no tan discretos que se te acercan para ofrecerte «guaifai, guaifai», o «güifi, güifi» otras veces, desde luego, ilegalmente. La otra es formarte en alguno de los centros de venta de Etecsa, la Empresa de Telecomunicaciones de Cuba S. A., el monopolio estatal.

La fila se extiende por una cuadra y media y no avanza muy rápido que digamos. Más o menos igual de rápido que la de cambio de divisas, llena de güeros asoleados, que vi a pocas cuadras. Vaya suerte, o acierto, haber cambiado mis pesos en el aeropuerto. En el José Martí al menos había techo. Una hora después, logramos pasar a las oficinas… Para esperar sentados otro rato, tras las órdenes secas y sonoras de un mulato que pregunta a qué vas y asigna las sillas. Por fin, logro llegar al escritorio donde me esperan las tarjetas. La mujer que me atiende, la única que por alguna razón no tiene el uniforme beige de la empresa, me dice que sólo puede venderme tres. Si quiero más, tengo que volver a formarme. Queda explicado el fenómeno de los revendedores. Luego me dice que no tiene cambio. Por fin, cuando le respondo que no hay problema, que lo conserve, me pide el «documento nacional de identidad» o el pasaporte. Como no cargo este último, le doy la credencial vencida del IFE que guardo en la cartera, cuyos datos copia a mano en un papel que luego transcribe en una computadora vieja. Casi terminamos: falta hacer lo mismo con cada una de las tres tarjetas, que tienen algún tipo de número de serie. Está de un humor francamente amargo. A 12.50 dólares al mes, se entiende.

Pienso en una película, esa pequeña joya corrosiva que es *La muerte de un burócrata*. A Paco, «obrero ejemplar», sus compañeros tienen la ocurrencia de enterrarlo con el carnet laboral, a modo de homenaje. Y a sus cercanos esa ocurrencia les significa el infierno. El infierno kafkiano, de un Kafka tropical. La viuda no puede cobrar una pensión porque para gestionarla es necesario anexar el carnet al expediente del difunto. Cuando Juanchín, el diligente sobrino, solicita una exhumación, se entera de que eso es posible dos años después del entierro y no antes, no sin una orden judicial o de Salud Pública. «Estaré encantada de ayudarlo si sigo aquí, compañero», dice la señorita tras el escritorio, con la desidia que heredará el personal de Etecsa, medio siglo después. Así que el sobrino elige exhumar el cadáver por la libre, con el problema correspondiente: librarse de un féretro cargado, lo que va a significar... Tramitar la exhumación, porque un cadáver que fue inhumado sólo puede serlo de nuevo si fue oficialmente exhumado antes. Como suena. La burocracia, siempre, significa cambiar un problema menor por uno mayor. Escalarlo. Exponenciarlo. Y las revoluciones, entre otras cosas, suelen ser el triunfo definitivo, irrebatible, de la burocracia: su escalamiento o exponenciación. Pienso también en el agente migratorio que paró a Loret, y en que claro, los sistemas totalitarios son aquellos en que lo único más perfecto que la vigilancia es, quizá, la burocratización.

Dirige la película Tomás Gutiérrez Alea, quien durante la era castrista fue, por años, la punta de lanza del cine cubano en los festivales del mundo occidental, la apuesta más fiable para algún premio de cierto peso o al menos para competir con dignidad. Notable cineasta, el famoso Titón logró mantener una cuota de crítica al *statu quo* sin desmarcarse nunca de él, sin dejar de salir en la foto, según la fórmula del otro Fidel quien creíamos que no moriría nunca, Velázquez, en México: «El que se mueve no sale en la foto», decía el líder sindical. No hagas olas. Gutiérrez Alea hizo más de 20 películas, y dio clases de cine hasta bien entrados los noventa. En *La muerte...* transita de la ironía tipo Billy Wilder al humor negro y a —literalmente— la comedia de pastelazo, pero siempre con los pies metidos en el barro del absurdo, con no poco de Luis Buñuel. Algo entendió, tan pronto como en el año 66, de lo que se dejaba venir. Hizo olas. Pero salió en la foto. Siempre.

¿Era en la URSS que decían «Nosotros hacemos como que trabajamos y ustedes hacen como que nos pagan»?

También está la frase que le encuentro a Leonardo Padura: «Prepárate, socio. Aquí te vas a hacer cínico o te van a hacer mierda».

El socialismo, ya se sabe, como una fila eterna.

Me provoca un extra de admiración, y no era poca de entrada, un caso como el de la bloguera Yoani Sánchez, la de Generación Y. Sorprende que el blog haya logrado estar traducido a 17 idiomas. Sorprende que ese trabajo sostenido dependa a su vez del trabajo de un pequeño comando de voluntarios. No sorprenden pero alegran los 14 millones de accesos, decenas más o menos, que consigue cada mes. Sorprende que haya sobrevivido al bloqueo en Cuba, claro. Sorprende que Yoani, disidente sin pelos en la lengua, haya resistido a los CDR, a la fórmula del 0.5%, a las presiones económicas y a lo que se quiera. Pero sorprende particularmente que haya vencido a la burocracia de Etecsa, o sea, a la economía centralizada, y que luego haya conseguido otra victoria al publicar un periódico digital como *14ymedio*.

La oficina de Etecsa descansa en La Habana Vieja. Concretamente, en su parte buena, que es la que suele marcar las opiniones de las revistas de viajes y algunas otras. Un artículo de junio de 2015 del diario *El País*, firmado por el corresponsal Mauricio Vicent, conocedor profundo —lo que también significa: crítico profundo— de la realidad cubana, lleva como encabezado «La nueva Cuba está en la Habana Vieja». No le falta razón. Como entonces, en los primeros días de 2017 el corazón de La Habana Vieja, que es como el corazón del corazón de La Habana, exhibe una notable cantidad de hoteles *boutique* con no mala pinta, alguna tienda de diseño, bares, cafés y «paladares» que siguen sobrecocinando la langosta pero que no padecen tanto desabastecimiento como antes (aunque todavía se les puede acabar la cerveza, según pude comprobar).

Con el régimen castrista nunca se sabe, porque luego de los lapsos de apertura económica, habituales cuando la crisis ya no aprieta sino que ahorca, puede venir un recrudecimiento del control del Estado sobre toda la actividad comercial. En los noventa Cuba entró en el llamado Periodo Especial o, según las palabras de Fidel Castro, «Periodo Especial en Tiempos de Paz». En 1991 se desmoronó la URSS, primero, y por efecto dominó, inmediatamente, el total del Consejo de Ayuda Mutua Económica, un nombre rimbombante para referirse a la organización de cooperación formada por los países de la órbita soviética y que fue la primera y más durable fuente de patrocinio para la Cuba castrista, tan carente de recursos como incapaz de producirlos. El golpe fue fulminante. El Producto Interno Bruto cubano se redujo en un 36% según ciertas fuentes —las hay con cifras incluso más escandalosas—, la escasez de combustible se hizo apremiante, y tras ella la de casi todo, incluida la comida.

Todavía resuenan ecos de aquellos años, y no me refiero a la Venezuela de Nicolás Maduro, que en efecto presenta muchos de esos síntomas. Ceno en un restaurante en los límites de El Vedado, El Cocinero. Antes de los platos, con el mojito bien preparado y mi saladísima cerveza dominicana bien fría —debut y despedida: volví de inmediato a la morenaza Bucanero y la palidita Cristal, cubanas—, sirven un plato de cacahuates, de «maní». Lo embisto con fe. No así mi compañera de mesa, la escritora Wendy Guerra. «Le cogí asco durante el periodo especial —me dice—. Era casi lo único que había para comer».

En los días en que la utopía era subsidiada por la fraternidad soviética, atreverte a producir comida y guardarla bajo el colchón, ya no digamos distribuirla o venderla, era un crimen de lesa revolución que podía pagarse muy caro. No hay autoritarismo más eficaz que aquel que puede controlar la distribución de alimentos, y eso un autoritarismo tan eficaz como el castrista lo entendió muy pronto. Sin embargo, el Periodo Especial dio al traste con esa herramienta de poder. Pronto, Cuba, destruida por las decisiones económicas y productivas del Che, Fidel y sus allegados, detenida la producción en el campo a causa de la *colectivización* —un nombre amable para la centralización en el Estado de la agricultura y la ganadería a la manera soviética—, se vio obligada a ceder: de acuerdo, adelante con los huertos particulares. Que el pueblo, entendido como una suma de individuos, no ya, en los hechos, como un todo colectivo, se rasque con sus uñas. Con una condición: que una parte sustancial de la producción particular quede en manos del Estado, magno distribuidor, y que los productores sólo puedan usufructuar los excedentes, previo pago de impuestos. ¿Injusto, abusivo? De nuevo: ¿feudal? Sin duda. Pero mucho menos nocivo que las carencias impuestas por la producción-distribución estatal entendidas como máxima, como regla sin excepciones. Con restricciones, aleatoriamente, hoy es posible, sí, comprar una cabeza de ajo, algo de yuca, unos tomates o un pimiento. Rascarte con tus propias uñas, siempre que antes las uses para rascarle la espalda al Estado benefactor. Un vislumbre de ese mercado puede encontrarse en el programa de televisión de Anthony Bourdain, un exchef neoyorquino con buena pluma, buen ojo y humor cáustico —un hombre de clara inteligencia, pues— que sin embargo, tal vez no tan sorprendentemente, dice al principio del episodio dedicado a Cuba que Fidel es una figura que le provoca «sentimientos encontrados». Es notable con qué frecuencia el Gran Jefe lograba sortear el rechazo sin paliativos.

Lo cierto es que el restaurante, con terrazas de aire *hipster*, construido en una antigua fábrica, con un *roof garden* fresco protegido por plantas y meseras y meseros jóvenes que parecen salidos de alguna universidad, está muy guapo e inusualmente bien provisto: hay todos los rones apetecibles, pero también vinos españoles, langosta de buena calidad, incluso especias rarísimas en la isla. A lo mejor es cierto que la dueña es hija de Raúl Castro.

O tal vez el restaurante sea de su exmarido, el súper yerno, Luis Alberto Rodríguez López-Callejas, general de las Fuerzas Armadas Revolucionarias y presidente del condensado de 57 empresas que les pertenecen —desde la Cubanacan de turismo, hasta la inmobiliaria Cimex, hasta el Servicio Automotriz que renta coches, hasta la Tecnotex que importa y exporta tecnologías—, bajo el nombre de GAESA. Hombre misterioso, en sus 50 medios, rara vez fotografiado, Luis Alberto se casó con Deborah, una de las hijas de Raúl, de la que se divorció, se cuenta en Cuba, porque ella se cansó de sus infidelidades. Hoy, hacer un negocio en la isla, en tanto extranjero, es hacer un negocio con Luis Alberto. Según *Forbes*, Fidel Castro dejó 900 millones de dólares como herencia, lo que lo hacía el séptimo mandatario más rico del mundo, lejos del petrolífero rey saudí, con 21 000 millones, pero también de Isabel II, con sólo 220. Raúl parece haber encontrado su propia forma de que la Revolución le haga justicia. *Capitalismo militar de Estado*, le llama Carlos Alberto Montaner a este ornitorrinco económico que de todas maneras, cree mi amiga Wendy, no durará. «El gobierno da tres pasos adelante, tres pasos para atrás», dice con sorna. Ernán, su marido, está de acuerdo: son mecanismos de «descompresión», dice.

Cuba como una cleptocracia igualitaria.

Sabe de lo que habla, Wendy. Nacida el setenta, cercana a castristas de cepa como Silvio Rodríguez o García Márquez, fogueada en los medios como actriz infantil, poeta en sus orígenes, es una voz crítica —léanla por ejemplo en *El País*— que ha trabajado con éxito la veta de lo que ella misma llama *autoficción*, en obras tristes, altamente sexualizadas, mordaces, desencantadas, que se leen y mucho desde que ganó el Premio Bruguera con la muy notable *Todos se van*, un diario ficcionalizado que en mucho remite a su infancia junto a una madre libre y apasionada a la que vería morir de Alzheimer tras una vida de heterodoxia sexual y artística en el auge del conservadurismo socialista, de la mojigatería castro-guevarista. Sabe de lo que habla porque, viajera inveterada, Wendy es de las voces críticas que no optaron por el exilio, sino por la resistencia interior. Y ha pagado el precio, para empezar, con la prohibición de su obra. Como lo pagó Dulce María Loynaz, talentosa y longeva poeta (1902-1997) que apostó por el mutismo, por el enclaustramiento aferrado, en su casa de El Vedado, mientras afuera la utopía arrasaba con todo. La salvó el Premio Cervantes, que recibió el 92. O como pagó el precio Virgilio Piñera.

Está bien y escasamente acompañada la talentosa Wendy, sí.

La progenie de Luis Alberto y Déborah da mucho de qué hablar. Entre sus orgullos se cuenta Raulito Guillermo, «el Cangrejo». Grandote, criollazo acusado en varias ocasiones de racista —dicen que en sus días de estudiante hizo expulsar del grupo a una compañera por «negra»—, dado a animar la nocturnidad habanera con esos contoneos de cadera captados en algún video que hagan de cuenta un *spring break* en Cancún, tiene como chamba principal la de guardaespaldas de su abuelo Raúl. Tal cual. Por eso se le conoce también como Nieto en Jefe y, por su musculatura pero no sólo por eso, «Arnol-mal», en homenaje paródico a Arnold Schwarzenegger, del que no sacó la inteligencia, lo que ya es decir. Después de todo, Raulito es el mocetón al que el presidente francés obligó a retirarse porque venía la foto oficial con Raúl el grande, con el *abue*, al que parecía dispuesto a seguir hasta la cocina. También hay video.

Cuba como un mirreynato caribeño.

¿Cómo interrumpir, si no revertir, el deterioro de Las Habanas Antiguas, de los viejos barrios? Tal vez con una dosis de capitalismo salvaje. O de capitalismo a la cubana. ¿Qué tal permitir un par de hoteles de verdadero lujo, hoteles, digamos, con estándares de Las Vegas o de Dubai? Da miedo lo que pueden costar, si se piensa en los 500 dólares del Meliá o el Nacional en temporada alta. Pero ese cálculo no parece intimidar a los socios del Gran Hotel Manzana Kempinski y del Hotel Inglaterra, ambos alrededor del Parque Central, que se inaugurarán respectivamente, salvo novedades, en junio de 2017, a semanas de escribir estas líneas, y en 2019. El emplazamiento es inmejorable. Hay varios hoteles caros en los alrededores, desde cuyas terrazas puedes ver el teatro Alicia Alonso, por ejemplo, pero también varios edificios con muros derruidos y ropa colgada tristemente de los balcones. El Manzana y el Inglaterra los administrarán, respectivamente, el grupo suizo Kempinski, especializado en el súper lujo que normalmente no podemos pagarnos en Occidente, ya no digamos los empleados cubanos que ganan 15 dólares al mes cuando les va muy bien, y el Marriott. Pero nominalmente los dueños son, sí, cubanos. El Estado. El grupo Gaviota. Las Fuerzas Armadas. Esos que son más iguales que otros.

¿Sorprendente? Tal vez no tanto. Manzana es también un centro comercial. El reportero de *Excélsior* averiguó cuánto gana la empleada de L'Occitane. Gana 12.50 dólares al mes. Te vende una crema rejuvenecedora a 162.40 los 30 mililitros. La pobreza, por si no estaba claro, es una vía rápida hacia la vejez.

Hay de grises a grises. Hay grises sin cremas rejuvenecedoras.

No se daba mala vida, por cierto, el Comandante en Jefe. A la finca de Jaimanitas, la de Siboney, hay que sumar su propiedad en Cayo Piedra. Lo cuenta nada menos que Juan Reinaldo Sánchez, es decir, su exguardaespaldas, entrenado por el Ministerio del Interior para el llamado Departamento Número 1, el encargado de la seguridad de Fidel. Se trata de una isla a 15 kilómetros de la costa, desconocida para casi todos los mortales, que le descubrió un pescador de la zona el año 61, a poco de la invasión de Bahía de Cochinos. Y el Comandante se la quedó. Parece que los fondos marinos son verdaderamente espectaculares —muy importante para un fanático del buceo, que seguro necesita esos 200 kilómetros cuadrados sin molestias—, que la isla permanece casi virgen y que la casa de Fidel y su familia, construida sobre un faro abandonado, es una planta con amplia terraza que da al mar, sobria, cercana a la casa de los guardaespaldas, a la de la tropa que lo acompaña, a la de los invitados, y sobre todo al embarcadero donde descansa el *Aquarama II*. Porque Fidel tenía su yate, claro que sí, un yate al que solían acompañar dos lanchas de 17 metros, la *Pionera I* y la *II*, con una escolta debidamente armada y, por supuesto, los servicios médicos necesarios.

Parece que al Comandante le gustaba sentarse a trabajar en la oficina con un Chivas Regal en las rocas. Whisky, sí. Una cosa es ser un patriota y otra muy distinta prescindir de lo esencial, y lo esencial, si me permiten, no es el ron. Así es la vida: uno acaba por estar de acuerdo en algo con cualquiera, Fidel Castro incluido. De su probidad revolucionaria da cuenta el hecho de que no se concedía un *single malt*. Lo habrán compensado el criadero de tortugas que estaban destinadas a su mesa, los dos delfines, la alberca de 25 metros y el jacuzzi. La plataforma lanzamisiles y el helicóptero disponible 24 por 24 son necesidades, no lujos, claro. Cabe añadir que el Comandante en Jefe no disponía de búnker antiaéreo en esa propiedad. La austeridad revolucionaria exige correr ciertos riesgos.

Cayo Piedra no es un secreto porque al Comandante en Jefe le debe haber pasado como al del chiste. Hay un accidente aéreo y en una isla desierta quedan un contador cincuentón y Scarlett Johansson. Tres meses después, tienen ya el romance inevitable. Al cuarto mes, nada saca al contador de una profunda melancolía. Cuando Scarlett le pregunta qué puede hacer por esa tristeza, él le pide que se disfrace de hombre. Sorprendida, suponemos que llena de dudas, accede. Con una sonrisa plena, el contador le pasa el brazo por los hombros y le espeta: «Güey, adivina a quién me estoy cogiendo». Se me ocurre que uno de los pocos placeres que no se pudo dar Fidel en la vida —Fidel, el padre generoso, el gran benefactor, el redentor— fue el de contar, literal y figuradamente, a quién se estaba cogiendo. Alardear. Presumir. Enseñarle los juguetes nuevos al vecinito. Pero hizo una excepción. A Cayo Piedra llegó un día el *Calypso*, es decir, el barco del capitán Jacques Cousteau, y el Comandante fue a recibirlo con los brazos abiertos.

El viaje tuvo sus detractores. Cuba, el año 85, estaba ya plenamente involucrada en operaciones de tráfico de drogas, según la opinión de la administración norteamericana —una acusación que no tardaría en revelarse como perfectamente justa—, y Elliott Abrams, secretario de Estado adjunto en la administración de Ronald Reagan, se lo hizo saber a modo de, por llamarla de un modo muy amable, sugerencia de que se ahorrara la visita. Cousteau hizo oídos sordos, viajó a Cuba, buceó cuanto quiso y donde quiso, contó con apoyo del ejército para la logística, escuchó hablar largamente a Fidel sobre, por ejemplo, la fauna marina y, para que se vea lo que es el trato VIP, «consiguió» que el Comandante liberara a 50 presos políticos, un regalo que daba con cierta frecuencia. Sí, a veces presumía sus juguetes. Lo cuenta Paula DiPerna, por entonces escritora y asesora en asuntos políticos para Cousteau.

Fidel tuvo hasta 20 propiedades: en Bahía de Cochinos, en Pinar del Río porque le gustaba cazar, y la lista sigue. Pero su refugio habitual era Cayo Piedra, bueno para los fines de semana. Al parecer, la isla tuvo pocos visitantes, digamos de los oficiales, como Cousteau, y apenas un par de amigos la visitaron con alguna frecuencia, en caso de que el Comandante haya tenido realmente amigos. Uno puede haber sido Antonio Núñez, veterano de la Revolución, antropólogo y geógrafo, topógrafo al servicio del Che en Santa Clara y el Escambray, habitual asimismo en sus fiestas de cumpleaños, que gustaba de pasar con la tropa, en íntima camaradería. El otro fue Gabriel García Márquez.

Claro que lo de contarle las propiedades no es necesariamente útil. ¿Para qué tener propiedades en un país si puedes tener el país completo? Le robo a Rubén Cortés unos versos de Raúl Rivero:

> Ninguno de nuestros ministros
> es rico
> Ninguno tiene fincas, fábricas
> ni propiedades
> Ninguno tiene cuentas en los bancos
> de Suiza
> ¡Ni falta que les hace!

¿Continuará la tendencia aperturista en Cuba? Desde 2016, hay señales de que no. La tendencia se debe, según todos los indicios, a Raúl Castro, un ortodoxo de la línea sovietizante que sin embargo por ahí de 2008 usó un término muy cercano al de «papá gobierno» que usamos en México para hablar del asistencialismo: *papá Estado*. Que no podemos esperar a que papá Estado resuelva todos los problemas de la población, dijo antes de anunciar que había que encontrarle acomodo fuera del sector público, o sea de básicamente todo el «sector», a dos y medio millones de cubanos, algo menos de la cuarta parte de la población de la isla.

Y sí, Cuba empezó a moverse gradual pero sostenidamente hacia una economía libre de mercado, de puertas a lo mejor no abiertas, pero emparejaditas. Entreabiertas. El que metió el freno fue, en cambio, el que en principio no se había formado en la ortodoxia, es decir, Fidel, que ya no mandaba, pero sí. Hacia finales de 2015, y mientras le duraron las fuerzas antes de morir en 2016, el Caballo, volcado a la escritura como Nerón a la música, incendió de a poco pero sin claudicar, en negro sobre blanco, cada una de las iniciativas reformistas de su hermanito. «Nuestro derecho a ser marxistas leninistas», se llama elocuentemente un artículo que publicó en *Cubadebate*, uno de los medios aprobados y mimados en la isla, el 8 de mayo de 2015. Poco antes, el 17 de marzo, había mandado un saludo fraterno a Nicolás Maduro, ese aristócrata del espíritu que tiene a su país no sólo en medio de una ola represiva ya abierta, descarada, sino también con una inflación que en 2016 llegó prácticamente a 700%, una contracción del PIB superior a 10% o una tasa de asesinatos de 58 por cada 100 000 habitantes, o sea, 10 veces más alta que el promedio del planeta (México, el sangriento México, anda arribita de los 16, para que nos entendamos). «Tan intolerable para el pueblo heroico de Venezuela es la violencia y el crimen que se cometió contra él que no puede olvidarse, y jamás admitirá un regreso al pasado vergonzoso de la época prerrevolucionaria que dio origen al asalto de los centros comerciales y el asesinato de miles de personas», dice Fidel en ese saludo con la tremenda lucidez que siempre distinguió su visión de la economía y la convivencia civilizada.

Pero cuando se destapó fue con la visita de Barack Obama. No le habrá gustado a Fidel que su hermano hiciera bromitas con el presidente gringo, que le levantara la mano en plan «el ganador de la pelea es…»; que pareciera, vaya que sí, que la política bilateral cambiaba por fin, sustancialmente, tras cinco décadas y pico de separación cruel. *Almibarado*, así llama Fidel el discurso de Obama, antes de asegurar que el pueblo cubano será incapaz de olvidar el «bloqueo despiadado», y de «advertir» que «somos capaces de producir los alimentos y las riquezas materiales que necesitamos con el esfuerzo y la inteligencia de nuestro pueblo. No necesitamos que el imperio nos regale nada».

Y las reformas quedaron frenadas. Tal vez no revertidas, según me explica el historiador Rafael Rojas en su casa de la colonia Condesa de la Ciudad de México. Pero detenidas.

¿Que la muerte de Fidel aplanaría al camino para otro ciclo reformista? No parece. Raúl, de momento, ha vuelto la vista hacia Venezuela otra vez, justo cuando en la hermana república escasea incluso el combustible. Las manifestaciones que no paran contra Nicolás Maduro no sólo tienen nervioso al mandamás venezolano. Un cambio de régimen podría dejar a Cuba sin petróleo, y la crisis sería de proporciones incalculables. Tal vez próxima a la del Periodo Especial, una sensación que se podría intensificar por el falso reversón que le acaba de poner Donald Trump a las medidas aperturistas de Obama. Con el presidente anaranjado nada es nunca claro ni eficiente y todo tiene cierto aire de bluf. Un tigre de papel. Sus palabras textuales fueron: «A partir de este momento, voy a cancelar el acuerdo totalmente unilateral que el gobierno anterior hizo con Cuba». En principio va a haber restricciones para los viajeros norteamericanos que pretendan viajar a la isla con propósitos educativos, y sobre todo para que los viajeros gringos dejen su dinero a las empresas turísticas que pertenecen al grupo GAESA. Pero no dejará de haber una embajada, ni cruceros, ni vuelos, ni impedirá que las remesas de los cubanos de los Estados Unidos lleguen a Cuba, lo que significaría dejar al país sin el que, según muchos economistas, es su principal ingreso, unos mil millones de dólares al año.

Fueron tiempos duros los del Periodo Especial, sí. La producción cubana estaba bajo mínimos, desde que se había implementado el sistema de planeación centralizada que era y es el dogma bolchevique ahí donde logra sobrevivir (caso, otra vez, de Corea del Norte). Son los tiempos en que la isla pacta no muy discretamente con Pablo Escobar, bien narrados por Andrés Oppenheimer y por Jorge Masetti en sus respectivos libros: *La hora final de Castro* y *El furor y el delirio*.

El 13 de julio del 89, en la playa de Baracoa, al oeste de La Habana, fueron fusilados el general de división Arnaldo Ochoa, de las Fuerzas Armadas Revolucionarias; el coronel Antonio «Tony» de la Guardia, del Ministerio del Interior; el capitán Jorge Martínez, ayudante de Ochoa, y el mayor Amado Patrón, integrante también del Interior, el llamado coloquialmente Minint, a las órdenes de De la Guardia. Los cargos: corrupción y tráfico de drogas. El juicio, conocido como Proceso Ochoa-De la Guardia, fue una payasada cruel desde cualquier punto de vista, y un escándalo mayúsculo dentro y fuera de Cuba. Al hermano de Antonio, su mellizo, su *jimagua*, Patricio, le dieron 30 años de cárcel. Se había negado a declarar contra Tony.

Ochoa era un héroe de guerra, el oficial más galardonado del ejército cubano y probablemente también el más querido. Hay versiones de la historia que, sin barrer de la mesa su heroísmo, su temple de soldado, lo retratan como un hombre corrupto, acostumbrado a vivir con estándares de lujo imposibles para la mayor parte de sus compatriotas. Es el caso del periodista Enrique Meneses, perfectamente libre de sospechas de simpatías castristas, que apunta por ahí que Ochoa pudo enriquecerse con el contrabando de marfil y diamantes en sus días africanos. No lo sabemos. Sí sabemos que su trayectoria bélica, casi siempre al servicio de alguna aberración, es notable.

Miembro de la Columna 2 bajo mando de Camilo Cienfuegos en días de la revolución armada, combatiente en la invasión de Bahía de Cochinos, actor central en la crisis de los misiles y combatiente también en Venezuela, donde Cuba intentó durante décadas sembrar un gobierno a su medida por la vía de implantar o promover movimientos guerrilleros, Ochoa participó, sobre todo, en las guerras africanas del ejército cubano: en la de Ogadén, al lado de etíopes y soviéticos, contra las fuerzas somalíes, y en Angola, como jefe de la Misión Militar.

Tony de la Guardia no era poca cosa tampoco. Conocido como el «James Bond cubano», ataviado con *jeans* Calvin Klein y un Rolex, mujeriego, formado en los Estados Unidos igual que su *jimagua*, era la cabeza de una sección del Ministerio del Interior conocida como MC, Moneda Convertible. Tony tenía un currículum espectacular, en el mismo sentido que Ochoa. Fue él, por ejemplo, quien llevó a Suiza el dinero obtenido por los Montoneros argentinos tras el secuestro de los hermanos Born (todo un récord: 60 millones de dólares del año 74 que algún guerrillero demasiado ingenuo decidió confiar a Fidel, porque qué haces con tanta plata, dónde la guardas), y le tocó también colaborar con los sandinistas en el derrocamiento del dictador Anastasio Somoza, en Nicaragua. Se dice que organizó la llamada *Operación Pinocho*, un atentado en España contra Batista que no fue necesario porque a este le sobrevino un infarto del que no salió vivo.

Era obligado que ostentara ese currículum. La función de MC era conseguir divisas a toda costa, una terapia intensiva para un país reventado. Es decir, en la retórica oficial: romper el bloqueo norteamericano. Esa «toda costa» implicaba contrabandear marfil desde Angola, traficar diamantes y, sobre todo, asociarse con Pablo Escobar Gaviria, el capo de capos colombiano, el jefe del Cartel de Medellín, el hombre que dejó llena de hipopótamos y otras especies foráneas la vegetación colombiana, pero sobre todo que llenó al país de muertos.

No fue Cuba la única utopía de izquierda que usó los dineros del *capo di tutti capi*. Su hijo, Juan Pablo, cuenta en *Pablo Escobar in fraganti* la historia que condujo al asesinato a tiros de Barry Seal, el 19 de febrero del 86, en el estacionamiento del Ejército de Salvación en Baton Rouge. Antigua estrella de la aviación norteamericana —el piloto más joven en volar con la TWA—, Seal terminó por trabajar con Escobar en el trasiego de drogas, hasta que cayó en manos de la DEA y la CIA. Y pactó. En un avión destinado a mover drogas entre Nicaragua y los Estados Unidos a beneficio del Cartel de Medellín, el gringo instaló una cámara que nada más llegar al aeropuerto de Los Brasiles, cerca de Managua, capturó para siempre la imagen de Escobar, de uno de sus lugartenientes legendarios, Gonzalo Rodríguez Gacha «el Mexicano», y de Federico Vaughan, alto funcionario del Ministerio del Interior nicaragüense, mientras esperaban a que varios heroicos soldados sandinistas cargaran el C-123 con 600 kilos de cocaína. Seal fue abatido por unos sicarios colombianos.

Nicaragua y Cuba, dos pueblos hermanos.

Que viva el espíritu de Bolívar.

Un detalle importante: Tony era protegido de Fidel, que le había encargado misiones tan descabelladas como plantar 500 kilos de dinamita en la ONU si los gringos invadían Cuba el 62, cuando la Crisis de los misiles. Habían recorrido un largo camino juntos, desde que el Caballo los conociera a él y a su hermano en un torneo de remo. En caso de que fuera posible recorrer un camino junto a Fidel, claro. Abundan los testimonios de quienes cometieron el error de creer que sí.

Como los *jimaguas*.

Los enjuiciados fueron detenidos en junio de 1989. Justo un mes después, el pelotón abría fuego contra ellos. Se les imputaban varios cargos, pero sobre todo el de haber denigrado a la Revolución con el acto de traficar seis toneladas de la cocaína de Escobar a los Estados Unidos, a cambio de 3.4 millones de dólares. En el juicio, transmitido completo por televisión, intervino a favor de los acusados, por decirlo de algún modo, un grupo de abogados del Ministerio del Interior. Claro que, cabe pensar, tampoco es que un abogado independiente hubiera marcado muchas diferencias. Ya *Granma*, diario oficial donde los haya, los había sentenciado: «Lavaremos con sangre esta ofensa a la patria», decía sin pudores.

Como el poeta Heberto Padilla el año 71, encarcelado y liberado sólo después de leer públicamente una *Autocrítica* en la que daba marcha atrás con todos sus cuestionamientos al régimen, Arnaldo Ochoa aceptó sus culpas, mostró su arrepentimiento, hizo las loas del sistema. Las entretelas de ese juicio son como para una novela. Sabemos poco. Es posible que él, como el resto de los ejecutados, se haya creído lo de que si aceptaban declararse culpables «ante el pueblo» salvarían la vida. Sin embargo, no puede pasarse por alto que conocían bastante al caudillo como para saber que no era difícil que los traicionara. De cualquier manera, de nada le sirvió a Ochoa la confesión, no al menos en términos de su propia salvación. A diferencia de Padilla, fue ejecutado. El régimen no se anda con minucias en esos casos. Es un hecho que el riesgo a represalias terribles puede extenderse a tu familia, y no hay héroe de guerra que acepte pagar semejante precio. Nunca sabremos si en realidad fue ese el cálculo que hicieron los cuatro fusilados.

De todas formas, Ochoa murió con entereza. Caminó firme hacia el poste, pidió que le dejaran dar la orden de su propio fusilamiento, cosa que le fue negada, y se rehusó a ponerse un pañuelo en los ojos. «Sólo quiero que sepan que no soy un traidor», fueron sus últimas palabras. Como de novela o de película propagandística, sí. Los videos, de muy mala calidad, circulan por la red. Cuando el consejo de Estado se pronuncia y anuncia la pena de muerte, Raúl Castro dice que mientras se «cepillaba los dientes» en el baño de su despacho, le «corrieron lágrimas por las mejillas» por los hijos de Ochoa, pero sobre todo por la «tonelada de fango» que caía sobre el pueblo cubano. Que entonces se repuso, dice. Más repuesto se ve Fidel, con un dedo en el entrecejo, cavilante, serio como lo exigía la ocasión. «Han traicionado a Cuba, a Raúl y a Fidel», dice alguien. «Lavemos el ultraje, pasemos de una vez esta bochornosa hoja de la historia», dice algún otro. En eso, parece, fracasaron.

¿Por qué decidió Fidel Castro dar pie a semejante ajuste público de cuentas? ¿No entendió que la sombra de esas ejecuciones lo perseguiría siempre, o simplemente entendió que ya no importaba, a esas alturas de su decadencia moral? Hay dos versiones que con toda probabilidad se complementan. La primera es que la Drug Enforcement Administration, la DEA, estaba ya sobre la operación de narcotráfico organizada desde Interior y al Comandante, con el agua en los aparejos, le urgía encontrar chivos expiatorios. Patricio, el hermano de Tony, integrante también de Moneda Convertible, no tardó ni tres años en dar testimonios que sugieren que Fidel Castro estaba al tanto de la operación, o que en todo caso era responsable de una extraordinaria negligencia a la hora de elegir y controlar a sus subordinados, impropia de un *control freak* sin parangón en la historia. Su propio ministro de Interior, José Abrantes, quedó formalmente implicado, aunque a él «sólo» le tocaron 20 años de encierro. En un documento fechado en octubre del 91, justo el año en que murió Abrantes de un infarto que muchos encuentran francamente sospechoso, Patricio cuenta que su hermano le habló efectivamente de cuatro operaciones y de haber entregado tres millones de dólares al ministro del Interior y al viceministro de la misma institución, Luis Barreiro. Le dijo también esa vez que el Minint escondía media tonelada de cocaína en la clínica del CIMEQ, el Centro de Investigaciones Médico Quirúrgicas, en Siboney. Dice De la Guardia, además, que fue engañado por las autoridades: «no vayas a Derechos Humanos ni llames a un abogado», le dijeron; «la Revolución no devora a sus propios hijos y te cuidará como mereces».

El documento va dirigido a dos comunistas de cepa: Roberto Robaina, líder de las Juventudes, y Osmany Cienfuegos, arquitecto responsable de las obras en Cayo Piedra, hermano mayor de Camilo e integrante de la guardia pretoriana castrista desde los días en el monte. De algunas de esas manos santas, al parecer, llegó hasta la redacción del diario francés *Le Monde*.

Patricio tal vez no haya sido devorado, pero recibió dentelladas de las que no se curan. Mucho más callado que su mellizo, era un soldado del castrismo con un currículum no menos espectacular: jefe de la representación de Interior en Angola, antes luchó con la guerrilla venezolana como su gran amigo Ochoa y resistió el embate de los golpistas encabezados por Augusto Pinochet junto al presidente Salvador Allende, en el Palacio de la Moneda de Santiago de Chile, cuando el *Putsch* del 73. (Patricio era integrante del llamado Grupo de Amigos Personales, la escolta del presidente chileno, que había decidido sustituir así a la escolta habitual, formal, parece ser que a instancias de su hija Beatriz, castrista convencida, luego exiliada en Cuba donde se suicidó el 77. Años después circularía en algunos medios que Allende, lejos de suicidarse como quiere la versión más extendida, fue ejecutado por Patricio a voluntad de Fidel; el mellizo lo niega.) En 1997 recibió un permiso para salir del centro de reclusión Valle Grande, una «granja» mucho menos estricta que la prisión de Guanajay donde le tocó purgar condena durante sus primeros años de presidio. Había muerto su padre, Mario, al que enterraban en el muy habanero Cementerio Colón. En el trayecto en coche, el oficial de las Fuerzas Armadas que lo escoltaba le soltó la noticia: quedaba libre.

Pero el régimen tiene un humor siniestro, o tal vez un pragmatismo más allá de cualquier consideración. Patricio había sido condenado a 30 años. ¿Por qué dejarlo libre? Puede haber sido determinante que por esas fechas Cuba esperaba una resolución sobre su caso de la Organización de Estados Americanos y quería mandar un mensaje de buena voluntad.

Como sea, De la Guardia fue del funeral a la casa de su madre en Miramar, para una especie de arresto domiciliario a la espera de su liberación formal. A cambio de esta, fueron a recogerlo unos agentes de seguridad del Estado. Que el comandante Raúl Castro quería hablar con él, explicaron. No volvió. Su madre fue avisada de que reingresaba a la prisión mientras su caso seguía el curso administrativo correspondiente. Pero en palacio, las cosas van despacio. En 2001, su sobrina Ileana declaraba a la prensa que lo tenían recluido en una unidad militar de inteligencia de Interior. En un artículo reciente, publicado tras la muerte de Fidel Castro, Ileana dijo que todavía, a sus 78 años, está en residencia vigilada. El régimen no olvida.

La Revolución como un elefante memorioso y cruel.

La versión de Patricio es en esencia la misma que documentan Oppenheimer y Masetti en sus libros, o Ileana de la Guardia, la hija de Tony, la sobrina mencionada, en el suyo: *Le nom de mon père.*

Pero es que además, según testimonio de la propia Ileana, Ochoa y los De la Guardia eran voces crecientemente críticas. Con Cuba en bancarrota, desprotegida, lejos del abrevadero soviético, el antiguo «Héroe de la Revolución» que era Ochoa y el espía consentido de Fidel que era De la Guardia hablaban ya, en corto, de la necesidad de cambios en la isla. En la URSS volaban los vientos de la Perestroika de Mijaíl Gorbachov, al que Fidel no podía ver ni en pintura, y en el Caribe había quienes oían sus rumores. Ejecutarlos fue una maniobra doble muy del Comandante.

Pero también, los del Periodo Especial, son los tiempos en que Castro, contra todos sus instintos y convicciones, decide abrir un poco la economía isleña, arrimarla hacia el libre mercado, aunque por supuesto sin reconocerlo.

Cuba como el silencio convertido en victoria.

En 1993, el dólar se vuelve moneda de curso legal, se permiten empresas mixtas con capital extranjero, y sobre todo se propicia el turismo foráneo. No había remedio. Faltaban seis años hasta que Hugo Chávez tomara el poder en Venezuela y beneficiara a Cuba con más de 100 000 barriles diarios de petróleo, en un acuerdo que incluyó, como pago de vuelta, a los médicos cubanos que trabajaban en Venezuela —pero le dejaban 90% del sueldo al Estado cubano, es decir, vivían en condiciones francamente miserables— y, es de suponerse, el apoyo de la inteligencia isleña para someter a la disidencia antichavista, entre otras bendiciones del socialismo real para la hermana República Bolivariana (un exoficial de inteligencia venezolano refugiado en España, Gyoris Guzmán, alguna vez director de Delincuencia Organizada y Financiamiento al Terrorismo, asegura que la información que reúne el Centro Estratégico de Seguridad y Protección de la Patria, el CEESPA, creado por Maduro para reunir todo el aparato de inteligencia venezolano, es remitida al G2 cubano).

Para enfrentar ese desafío, Fidel se allegó la ayuda de Carlos Lage, el enésimo de la lista de favoritos del Comandante en Jefe que pasó del estrellato y la aparente intimidad a la marginación, esos que se creen compañeros de viaje cuando lo que se requiere de ellos es que carguen las maletas. Miembro del Comité Central del Partido Comunista de Cuba, entre el 86 y 2009 fue secretario general del Comité Ejecutivo del Consejo de Ministros, luego vicepresidente del Consejo de Estado y, durante varios años, representante de su jefe, el jefe de jefes, en cualquier cantidad de cumbres, investiduras presidenciales y sesiones de la ONU. Sobre todo, pese a que es médico de carrera, Lage orquestó la apertura económica de aquellos años. Terminó defenestrado en 2009, ya con Raúl Castro como jefe de jefes por disposición del jefe de jefes original, su hermano. Hoy trabaja en un hospital a las afueras de La Habana. No es el director.

Por el momento, Cuba espera a un nuevo mecenas, mientras

se agota la dosis vía intravenosa de petróleo venezolano por la incompetencia delincuencial del chavismo, que ya no puede regalarle como si nada esos 1300 millones de dólares anuales añejados en barrica. De tal suerte, esos negocios que pululan hoy en La Habana están en manos de particulares, operan, pagan abundantes impuestos para que la cúpula militar tenga con qué comer y parecen provocar un cierto orgullo en algunos cubanos: «Si mi prosperidad te causa envidia, has *[sic]* como yo: trabaja», leo en un coche negro que da servicio de taxi cerca de la Embajada norteamericana.

Como si la detuvieran los ángeles curiosos con el destino de los cubanos, o una deidad *orisha* que vive en el cielo, o tal vez simplemente un avión espía gringo, la cámara apunta del cielo para abajo en línea recta mientras se acerca a Juan, el protagonista, quien descansa bocarriba sobre una balsa hecha confusamente de cámaras de llanta, tablas y redes. Espera a que su amigo, su asere, su compadre, Lázaro, pesque algo bajo las olas del Caribe con ese arpón, suponemos que ilegalmente, que es lo habitual en esas tierras. Así empieza *Juan de los Muertos*, hasta donde sabemos, la única aportación cubana —cubano-española, estrictamente— al género sublime de los zombis, esos seres que, dijo alguien, son la clase proletaria de los monstruos, la masa si se quiere, en contraste con el vampiro, ese aristócrata esencialmente solitario. (Como los que muchos años antes, el 85, con bastante gracia, puso Juan Padrón en las calles de la capital, en esa animación que se llama *Vampiros en La Habana* y que se ambienta en los años del dictador Gerardo Machado, en los treinta). «¿A veces no te dan ganas de irte remando a Miami?», le pregunta Lázaro a Juan cuando sale del agua, luego de un trago de, suponemos, ron, antes de darse cuenta de que la isla ha sido tomada por ese virus extraño que vuelve a todo el mundo un muerto viviente. Juan responde que no. «¿Para qué, chico?

Allá yo tengo que trabajar. Aquí soy un recolector… Es cuestión de sentarse a esperar... Además, yo soy un sobreviviente. Sobreviví al Mariel, sobreviví a Angola, sobreviví al Periodo Especial y a la cosa esta que vino después».

La cosa esta que vino después. Juan no entiende muy bien qué pasa, esa mezcla de socialismo pertinaz y negocios privados. No debe ser el único.

Negocios que en el casco histórico, eso sí, combinan con el entorno, muy cuidadito. Esa parte de La Habana Vieja, unos dos kilómetros, ha visto cómo se rescata, más que rehabilita, a unos 200 edificios catalogados. Es un centro histórico comparable con casi cualquier otro, lleno de turistas —ahora, y es de esperarse que en adelante salvo sorpresa de Donald Trump, también muchos gringos: 270 000 en 2016, de un total de cuatro millones de visitantes— que compran gorras del Che, beben mojitos y se resignan con la gastronomía cubana o desafían a la italiana, muy abundante en un país que tiene un enorme intercambio comercial y turístico con el de la bota. Pero esos dos kilómetros están lejos de agotar La Habana Vieja, y en torno a ellos se despliega una ciudad en ruinas. La restauración del casco histórico, en 2015, alcanzaba más o menos 30% del total, y algo se habrá extendido desde entonces. No es poco, pero no es ni de lejos suficiente, y da la sensación de que La Habana más antigua, que empezó a construirse en el siglo XVI, juega contra reloj. De la vecina Centro Habana, mejor ni hablar. Es la definición misma del abandono.

Junto al restaurante donde comemos mi anfitriona, su hija y yo antes de enfrentar el reto de comprar la regadera, unas amables terrazas a la manera de Italia o España en el verano, se levanta un edificio ruinoso. Sólo en su segunda planta, que no tendrá más de 200 metros cuadrados de goteras y brazadas de cables como sólo me había tocado ver en la India, viven 145 personas que comparten un baño, según nos cuenta uno de los vecinos sin indignación aparente ni guasa habanera, cosa rara. Este escenario, con pocas variaciones hacia arriba o hacia abajo en términos de inquilinos por metro cuadrado, se multiplica una y otra vez por toda la zona histórica de la ciudad. No son raros los derrumbes, como ese, muy comentado, que le tocó a un italiano que intentaba rehabilitar un edificio como hotel *boutique* y que cobró varias vidas.

El deterioro alcanza incluso algunos rincones de la Fortaleza de La Cabaña y su vecino, el Morro, que se pueden entender como una extensión de La Habana Vieja en la entrada de la bahía. El Morro es una fortificación terminada en el siglo XVIII y convertida en una conocida prisión luego del triunfo revolucionario —la padecieron figuras tan importantes de la disidencia como el escritor Reinaldo Arenas y el comandante Huber Matos—. A un lado está La Cabaña, que tenía incluso peor reputación. Arenas, puesto entre rejas por el pecado de ser homosexual, en un país que, según las palabras de Fidel Castro, necesitaba hombres comprobadamente viriles, capaces de resistir la agresión imperialista, cuenta que La Cabaña era la cárcel más temida, porque el que era trasladado ahí, a unos pocos cientos de metros del Morro, probablemente sería fusilado. El Che, en efecto, eligió ese entorno como escenario de las muchísimas ejecuciones que ordenó y que, con la sinceridad que lo distinguía, nunca negó.

Hoy el conjunto se llama Parque Histórico Militar Morro-Cabaña. Es un complejo de museos, patrimonio de la humanidad y en no mal estado de conservación general, en el que, sin embargo, puedes encontrar, en medio del patio, un rincón lleno de basura y heces humanas, unas cuantas ratas correlonas y un baño por el que hay que pagar un peso extra (de los no convertibles) y en el que te esperan pastillas de jabón reducidas a su quinta parte por el uso, escamitas blancas y viscosas repegadas a una jabonera desvencijada.

A pesar de todo, hasta en esos monumentos no tan bien remendados y esas calles en ruinas, con niños gritones, perros famélicos, bolsas de basura y carnicerías con filamentos de carne que dan susto de sólo verlos, en medio de la pobreza bien real del socialismo real, La Habana conserva su magia. Su misterio.

Caminamos M y yo hacia la zona no restaurada del casco viejo. Luego de recorrer 15 tiendas autorizadas llenas de anaqueles vacíos, alguno incluso con tornillos y tuercas de diferentes tamaños y con grados variables de oxidación, me toca ver cómo finalmente mi anfitriona logra comprar una regadera de manufactura china, a precio de oro, con una cuadrilla de mulatos que malviven al margen de la ley en un edificio derruido de La Habana Vieja, en la calzada del Monte, ya fuera del circuito de turistas, rumbo a Habana Centro.

El socialismo como mercado negro.

La utopía sin cristales es muy evidente en la maravilla que es, a pesar de todo, El Vedado, quizás el más literario de los barrios cubanos. Es el barrio de Dulce María Loynaz, la poeta que decidió enmudecer. Es el barrio de Guillermo Cabrera Infante, que ha ambientado ahí buena parte de su narrativa; el del poeta Heberto Padilla, que vivía en esas calles cuando le cayó encima la represión del Estado por andar publicando versos satíricos sobre el Líder; el de la pelea en el parque entre Virgilio Piñera y José Lezama Lima, dos de los grandes, grandes de la literatura en español del siglo pasado. Y es una belleza ahora decadente que se asoma de lo alto de la ciudad al mar desde el siglo XIX.

Zona privilegiada siempre, como dejan ver esas casas enormes y caribeñamente señoriales, fue expuesta a numerosas apropiaciones por parte del Estado luego de la Revolución, cuando empezaron las oleadas de exiliados. Hoy conviven algunas edificaciones en buen estado, sobre todo según te acercas a la Plaza de la Revolución, con una mayoría abrumadora de casonas con cicatrices de viruela, fracturas, gallinas famélicas y coches oxidados, y banquetas reventadas por la vegetación, algunos negocios y oficinas públicas.

Mario Conde tiene la extraña tarea de ser policía y desentrañar crímenes comunes en un Estado al que en términos generales sólo le preocupan los crímenes que llama precisamente *contra el Estado*, es decir, tiene la peculiar tarea de ser policía en Cuba. La Habana es una ciudad segura. Es difícil sufrir un asalto o alguna agresión, salvo en ciertos barrios, por el férreo control de los órganos de seguridad. Pero a los órganos de seguridad cubanos les pasa lo que a los venezolanos, por ejemplo, que lograron hacer de Caracas la ciudad más violenta del continente: en realidad no les importan los crímenes comunes. Están ahí para garantizar la pervivencia del *establishment* socialista, para detectar delitos contra la Revolución.

Conde es otra historia. Fumador empedernido, lleno de socarronería cubana pero melancólico según toca a cualquier detective de novela negra digno del nombre, escritor frustrado, enamoradizo pero propenso a dinamitar sus relaciones o a meterse con quien no debe —o sea, enamoradizo— y categórico borrachazo, sobra decir que mejor si es de ron, lucha por resolver crímenes del común, a la manera de un detective *hard-boiled* de tradición gringa pasado por el tamiz cubano. Y mientras lo hace, nos lleva de paseo por La Habana, lo mismo en las ocho novelas que protagoniza gracias a Leonardo Padura, su creador, que a la magnífica miniserie inspirada en ellas que ofrece Netflix, dirigida por el español Félix Viscarret y adaptada por el propio Padura y Lucía López Coll.

Notable experiencia ver *Cuatro estaciones en La Habana* luego de visitar la ciudad. En los noventa, con la sombra del Periodo Especial tapando el sol habanero —no tenía mucho desde que los soviéticos suspendieran el subsidio a la isla, metida en esa crisis de proporciones africanas—, Conde y su cuadrilla de amigos y colegas caminan o se mueven en coches viejísimos entre calles rotas pero graciosas como aristócratas decadentes, que transmiten el mismo placer casi culposo que comunica La Habana verdadera todavía hoy, el placer que nace de ver una ciudad que no debería estar así, carajo, pero que así y todo invita a seguirla caminando.

Cosa que no es fácil. La Habana no sólo conserva su encanto a pesar de la decadencia urbanística y arquitectónica: lo conserva a pesar de las dificultades notables que significa la convivencia con muchos, muchos de los cubanos.

El Che, que sin las ambigüedades de Fidel llegó explícitamente marxista a la Revolución y se fue marxista de este mundo, cuando lo pasaron por las armas en Bolivia, creía que la instauración de la utopía socialista era, incluso antes que un proceso material, un proceso «moral»: implicaba la creación de ese «hombre nuevo» de la *doxa* marxista, un hombre libre de las «armas melladas» del capitalismo: «la mercancía como célula económica, la rentabilidad, el interés material individual como palanca». El hombre nuevo era un hombre toda solidaridad, libre del burgués interés individual y material, un hombre plantado en la colectividad, un hombre cien por ciento social. Tan importante fue este concepto en la cosmovisión guevarista que se convirtió en uno de los puntos neurálgicos de su distanciamiento con la Unión Soviética, tan problemático en su día para Fidel Castro.

No es una mera especulación. Un personaje muy cercano al argentino, el súper espía cubano Manuel Piñeiro «Barbarroja», responsable entre otras muchas tareas de organizar las expediciones del Che al Congo y Bolivia —qué ganas de facilitarle la eutanasia al prócer, francamente—, le dijo a Lucía Newman, de CNN, en una de las raras entrevistas que concedió, que el Che no veía en el socialismo soviético un logro en términos de «despojar» al hombre de su «individualismo y despertar en él un sentimiento de amor y de solidaridad». Una crítica hecha a la manera guevarista, es decir, sin tapujos, a pecho descubierto.

El Che no inventó al hombre nuevo como idea, claro. El siglo XX arrancó lleno de ímpetus creativos transformadores, por llamarlos de algún modo, y la idea de moldear a un ser humano entera, radicalmente nuevo, de cero, totalmente nuevo en espíritu e incluso en cuerpo, estaba presente, de entrada, en la creación artística, concretamente en las vanguardias europeas, con sus afanes de renovación total del arte y la sociedad, análogas a las de las vanguardias políticas. Para empezar, estaba presente en las vanguardias cercanas al fascismo, es decir, el hermano tradicionalista del comunismo, y antes que en ninguna en el futurismo, que llamaba a destruir todo cuanto existe para construirlo de nuevo, de raíz: «¡Prendan fuego a las bibliotecas! ¡Desvíen los cursos de los canales para inundar los sótanos de los museos!», clamaba el *Manifiesto futurista*, publicado en 1909 en el muy francés diario *Le Figaro* por el muy italiano Filippo Tommaso Marinetti, para todo fin práctico el poeta oficial del régimen de Mussolini hasta su muerte el 44, pocos meses antes del fusilamiento del Duce.

Otro tanto pasa con el constructivismo ruso, que desecha toda forma previa de creación, esa —la propia de la burguesía— que se limita a tratar de comprender el mundo, y apuesta por una forma completamente nueva, la proletaria, que pretende en cambio transformarlo. El mundo, claro, incluye al *hombre*.

Esta misma idea causaba ya un notable entusiasmo en los días de la Revolución de Octubre, que no por nada incorporó, en primera instancia, a muchos de los vanguardistas rusos al aparato de gobierno. Los creadores suelen fallar en entender esto: los Estados totalitarios no necesitan artistas que jugueteen con el barro de la humanidad para diseñarla de nuevo, para eso están los grandes líderes políticos y la burocracia que los blinda. Así que el Estado soviético terminaría por prohibir sus obras y en varios casos por reprimir a los mismos vanguardistas que había reclutado. Pero la idea impregnaba el ambiente. Por ejemplo a León Trotski, que hablaba sin pudores, en una jerga con resonancias esotéricas, de que el *Homo sapiens* «ingresará otra vez en la etapa de la reconstrucción radical y se convertirá en sus propias manos en el objeto de los más complejos métodos de la selección artificial y del entrenamiento psicofísico. El hombre logrará su meta... para crear un tipo sociobiológico superior».

(Como pregunta al margen: ¿quién dijo que Trotski era un gran estilista?)

La idea de un hombre nuevo, libre de ese pasado pecaminoso construido con mezquindad y materialismo, es a fin de cuentas una de las ideas en las que descansan todos los proyectos de «reeducación» del totalitarismo de izquierda. Los hubo en la Unión Soviética: ese extendido mundo llamado el Gulag, el sistema de campos de concentración de que nos hablan autores como Alexander Solzhenitsyn o Varlam Shalámov, que fueron sus víctimas, o Anne Applebaum más recientemente y desde la historia, no desde la literatura, en *Gulag*. Los hay en Corea del Norte, como ese de que nos habla Jihyun Park, la disidente. Los hubo en Camboya, los más radicales, los más violentos, que junto con la hambruna costaron la vida a unos dos millones de personas, en un país que tendría siete millones de habitantes en los años setenta.

Y los hubo en Cuba. Se llamaban UMAP, o sea Unidades Militares de Ayuda a la Producción. Proliferaron entre 1965 y 1968, cuando el Estado plantó docenas de ellas en la parte central del país, en Camagüey, y trasladó a unos 30 000 hombres a sus entrañas, tal vez 40 000. ¿Qué te podía llevar a ellas? Cuesta de veras no volver a las analogías con el nazismo, ese primo ario del bolchevismo. Un motivo era la homosexualidad: unos 800 cubanos fueron encerrados por ese motivo, en el país del *machismo leninismo*. Orlando Jiménez Leal y Néstor Almendros —español escapado a Cuba por los horrores de la dictadura de Franco, buen director de cine y excepcional director de fotografía— dedican todo un documental a este asunto: *Conducta indebida*. Las víctimas hablan ahí del traslado en autobuses sellados apestosos a excrementos y orines, de las rejas espinadas y electrificadas, de la leyenda a la entrada, cortesía del padrecito Lenin: «El trabajo os hará hombres», tan parecida a la de Auschwitz: «El trabajo os hará libres». Es imposible no recordar las crónicas de los traslados a los *lager* hitlerianos de Primo Levi en *Si esto es un hombre*; de Elie Wiesel en *Noche*; de Jorge Semprún en *El largo viaje*.

El periodista Carlos Franqui, más radical, habla de hasta 100 000 personas encerradas en las UMAP. Integrante del Movimiento 26 de Julio, encarcelado y torturado por la dictadura de Batista, subió con Castro a la Sierra Maestra, donde empezó a dirigir un diario, *Revolución*, que se volvería icónico durante los primeros años del nuevo régimen: el socialista. Terminaría en el exilio, como tantos. Pero antes hizo algo más que dirigir el periódico. Con una impresionante red de contactos entre intelectuales y artistas, Picasso por mencionar uno, Franqui fue en sus días una suerte de embajador cultural del régimen: a él se debió, por ejemplo, la visita de Simone de Beauvoir y Jean-Paul Sartre a la isla. Entre esos contactos estaba Giangiacomo Feltrinelli. Hijo de las élites italianas, Feltrinelli fue el fundador de la editorial que lleva su apellido, y un editor excepcional que supo poner en la imprenta, por ejemplo, *El Gatopardo* de Giuseppe Tomasi di Lampedusa o *El Doctor Zhivago* de Borís Pasternak. Dos títulos que no dan la pista del hecho de que Feltrinelli era también un comunista inveterado, capaz lo mismo de integrarse a la resistencia en la Segunda Guerra, que de fundar el Grupo de Acción Partisana en sus años de madurez, o de lanzarse a Cuba con la fe y el entusiasmo de un candidato a sacerdote de la Iglesia castrista. Pero, como Franqui, Feltrinelli acabó por tener roces con Fidel. La razón: precisamente, las UMAP. Al arranque de la primera reunión entre ambos, Feltrinelli le preguntó al Comandante el porqué de la cacería de homosexuales. Convencido de que Franqui le había puesto una celada, Fidel inició una discusión agria que seguramente contribuyó a poner al periodista en el camino del exilio un tiempo después, y prometió a Feltrinelli emprender una investigación sobre las Unidades. Todavía esperamos los resultados.

Otros intelectuales europeos denunciarían también el escándalo de las UMAP, dicho sea de paso. Uno de ellos, Juan Goytisolo, muerto el primer año sin Fidel, a los 86. Notable ensayista, memorialista, novelista barcelonés escapado de España para vivir en Marruecos, gay que sin embargo estuvo casado durante años con una mujer, se contó entre los muchos que pasaron por la primera Cuba revolucionaria llenos de entusiasmo y acabaron por combatirla, se entiende que por escrito, al comprobar el giro estalinista del régimen.

Si esa cacería homofóbica hizo ruido fue en buena medida porque incluyó a un hombre famoso, el poeta, novelista y dramaturgo Virgilio Piñera, detenido en la playa de Guanabo por el crimen de lucir «afeminado» y puesto en libertad el mismo día en razón de su fama y de sus influencias. Guillermo Cabrera Infante cuenta que la detención respondió a una denuncia del jefe del CDR barrial, y que el motivo auténtico, vulgar, tangible, era adueñarse de su casa. Una vez más, las analogías con el nazismo no parecen forzadas. Si las denuncias contra judíos alemanes tuvieron muchas veces el objetivo no tan oculto de quedarse con sus mansiones, el miembro del Comité de Defensa de la Revolución que denunció al poeta guardaba la esperanza de quedarse con su casona. Y sí, Piñera la encontró clausurada nada más salir del encierro. La libró por intervención de Franqui, todavía con influencia en el país en tanto director de *Revolución*, que fue a ver al ministro de Seguridad, Ramiro Valdés, que a su vez le habló al periodista de ciertos lineamientos llegados desde el bloque soviético respecto a la homosexualidad, una aberración que era necesario borrar de la utopía. Pero las medidas cubanas eran bastante civilizadas, pasó a decirle, palabras más o menos, Valdés a Franqui. En China, por ejemplo, habían llegado al extremo de las ejecuciones. Sabía de lo que hablaba. Se da por sentado que las UMAP fueron una aportación de Raúl Castro, que entendió sus muchas posibilidades durante un viaje a Bulgaria. Pero Ramiro Valdés hizo un viaje equivalente por China, y tuvo una larga conversación con el alcalde de Shangai. Esa ciudad, libre y relativamente occidentalizada, por lo menos respecto a Pekín, había gozado de una amplia tolerancia sexual en los tiempos en que Chiang Kai-shek, el líder nacionalista opuesto a Mao, sentó sus fueros ahí. Abundaba, pues, por herencia en esa plaza la homosexualidad, el «problema homosexual». Hasta que, según el relato del alcalde, las autoridades maoístas esperaron un día a que se reuniera una gran cantidad de gays en un parque para la celebración de una fiesta y mandaron a un destacamento de fieles del Partido Comunista a matarlos a garrotazos, literalmente. La imagen de los cadáveres bajando por el río, dijo ese alcalde a Valdés, había disuadido de cualquier futura «desviación» a la población restante.

También, de forma inusual, Piñera encontró ayuda en la funcionaria comunista —comisaria sería un buen término— Edith García Buchaca, vicepresidenta del Consejo Nacional de Cultura en los tiempos más virulentos de la represión contra el estamento intelectual y el artístico. De algo le habrá servido ante ella, es de suponerse, el prestigio que tenía en Cuba y fuera de Cuba.

El poeta optó por morir en su país: es, decíamos, de los que no tomó el camino del exilio. Le costó caro. Piñera estaba destinado a resultar un incordio para la ortodoxia revolucionaria. Gay manifiesto, ateo corrosivo, descreía por igual de los nacionalismos que del marxismo, y no lo ocultó. La «oscura cabeza negadora», lo llamaba su amigo y enemigo José Lezama Lima, otro clásico cubano. Aunque admirado por los escritores reunidos en *Lunes de Revolución*, el suplemento que dirigía Cabrera Infante, vivió en un ostracismo implacable a partir de los años setenta, hasta su muerte el 79. Su amigo y también escritor Abilio Estévez, que lo veía clandestinamente durante aquellos años porque estaba prohibido departir con él, lo describe «vagando por la ciudad como una sombra, deshecho en impalpabilidad, casi muerto, fantasma de sí mismo». En 2012, so pretexto de los 100 años de su nacimiento, las autoridades revolucionarias decidieron publicar sus obras completas. En realidad, se trataba de volverlo parte de un canon al que nunca perteneció. El canon de los que sólo aceptan un canon; el canon de la Revolución, del machismo leninismo. Si en los años de Fidel lo quisieron callar mediante el silencio, en los de Raúl lo quieren callar mediante el ruido. Qué bueno, en todo caso, que puedan leerlo los cubanos. Durante 11 años, no se puso una de sus obras, no se publicó uno de sus libros. Once años donde se olvidó su Premio Casa de las Américas de Teatro, la profunda influencia en muchos escritores más jóvenes de su novela *La carne de José*, su cercanía con Jorge Luis Borges y José Bianco, su notable prestigio en Argentina y Francia.

Había, desde luego, otras razones para caer en garras de la reeducación. Ser «jipi», por ejemplo: llevar el pelo largo, escuchar a los Beatles. O ser Testigo de Jehová. Pero otro motivo, mucho más común, era de orden digamos político. Las UMAP sirvieron, como sus pares del resto de los países de la órbita comunista, para «desprogramar» al pueblo de sus atavismos burgueses, para desindividualizarlo y plantarlo de lleno en el bosque de lo colectivo. Para crear revolucionarios a cartas cabales. Lo sufrió por ejemplo, en 1966, el cantante Pablo Milanés, el Robin de ese dúo dinámico de la Nueva Trova Cubana que forma con Silvio Rodríguez, el Batman. Tenía 23 años. En una entrevista de 2015, narra las jornadas de trabajos forzados que empezaban a las cinco de la mañana y terminaban al anochecer, su fuga para ir a denunciar ese horror a La Habana —desde luego que ingenuamente, seguro de que los altos mandos lo ignoraban—, y su posterior encierro en la prisión del Morro. Sigue esperando disculpas del régimen, y da la impresión de que más le vale esperar sentado en un sillón cómodo.

Un camino habitual hacia las UMAP era el que desmenuza Abel Sierra Madero en un texto de la revista *Letras Libres*. En 1963 se estableció en Cuba la ley del Servicio Militar Obligatorio, que eximía o a quienes fueran el único sustento económico de su familia, o a aquellos que estuvieran terminando sus estudios. En 1965, la Unión de Jóvenes Comunistas inició una campaña de «depuración» contra los estudiantes que no se amoldaran al modelo del «revolucionario» a la castrista. Cuba se adentraba en los terrenos de la «purga», de la ingeniería social. Los objetivos eran «los contrarrevolucionarios y los homosexuales». El destino de estos «desadaptados»: el servicio militar y, bajo el paraguas del servicio militar, los trabajos forzados. Las UMAP. La Revolución no tenía dinero pero tenía mano de obra. ¿Por qué no hacerse de ella gratuitamente? Cuba diseñaba su Gulag. Pero, no hay que perderlo de vista, se trataba también de «higiene social». Esta empezaba con las asambleas de las juventudes comunistas, a las que los inminentes purgados debían presentarse para que, como inicio de su reeducación, recibieran todos los insultos posibles de la multitud, según queda descrito en *Conducta indebida*. Además, las UMAP incluían equipos de psicólogos y psiquiatras que aplicaban terapias con electroshocks entre otras lindezas, e incluían diversas formas de tortura: dejar al prisionero amarrado toda la noche en un palo a merced de los mosquitos, o enterrarlo con sólo la cabeza fuera del suelo.

El hombre nuevo no se hace por las buenas.

Uno se pregunta, si el Che está en el cielo reservado a los salvadores de la humanidad, qué pensará de ese hombre nuevo creado por la Revolución que con tantos tiros y tanta reeducación promovió. Pasear por las calles habaneras es enfrentarse al acoso permanente de personas marcadas por la desesperación y seguramente por el enojo. A cada calle, algún cubano o —tal vez menos a menudo— cubana intenta envolverte con un discurso dicharachero, sonriente, en lo que sea: la estafa *light* de «necesito medicinas», de «te voy a llevar a tomar el mejor mojito», de «tienes suerte porque hay un encuentro fantástico de son», de «prepárate para descubrir los misterios de la religión orisha», como en esa callejuela triste donde los vecinos, con escasísimos recursos, montaron una serie de *sets* con inspiración santera y música percutiva que de tan mal hechos remiten a las casas de espantos de las ferias mexicanas de los setenta. Los misterios de la espiritualidad africana convertidos en cartón piedra, en escenario de película de El Santo. Tiene ironía, de las más tristes. La Revolución se enfrentó fieramente a la religiosidad, es decir, a cualquier otra religiosidad al margen de la oficial: de la castrista. Como tantas veces, perdió. Y sin embargo, logró que al perder, perdieran todos.

Camino por las inmediaciones del Hotel Nacional, ese mastodonte estilizado de los años treinta. Me aborda un joven que no pasará de los 25 con la pregunta que se volverá habitual hasta lo cansino en los siguientes días: «Oye, amigo, amigo: ¿de dónde eres?». Se le ve venir a kilómetros. No es un buen actor. Pero decido dejarme engañar. «Tienes suerte. Te voy llevar a tomar el mejor mojito de Cuba», dice con apego al *script*. Lo sigo por el Malecón hasta un bar semivacío donde acechan una mesera con el pelo pintado de amarillo, tres mujeres con el sobrepeso propio de la miseria sentadas ante una mesa y una mulata en sus 50 avanzados que no deja de mirarme. El mojito está malísimo: demasiada azúcar, el agua más bien tibia y con sabor a agua de grifo habanero, horrible —libré la infección intestinal que estaba seguro de agarrar con ese brebaje, por si se lo preguntaban—, las hojas de hierbabuena con pinta de haber estado marchitas mucho antes de que alguien las machacara, el ron lejos de calificar entre los mejores (¿lo harán con azúcar de remolacha?).

El muchacho, que se presenta como Carlos con un apretón de manos, me dice que le encanta México, país que enseguida aclara no conocer, y que estudia informática en la Universidad de La Habana. En ese momento, ve fijamente mi mochila, una *back pack* baratona comprada en Ikea. «Y no tengo mochila para llevar los libros», remata. Se le empieza a ver la desesperación. Pensé que esa ansiedad por los objetos producidos en el mundo libre era más propia de los años duros de la Revolución, cuando llevar el pelo largo era un delito, o tal vez del Periodo Especial. Descubro que no. Cuando me niego a darle la mochila, empieza a coquetear con mis lentes Ray Ban que, aunque él no lo sabe, podría defender con mi vida. Mi segunda negativa lo mueve a llamar a una de las chicas de la mesa, que me pide un mojito. Decido invitárselo y me paga con un «besito» en la mejilla. Me niego a invitarle otro a la mulata de la mesa de atrás, accedo a dejarle una propina excesiva a la mesera y, ya fastidiado, salgo a la calle con el habano que me «regaló» el muchacho, seco como una varita de canela, dispuesto a seguir en lo mío. No es tan fácil. El chico me sigue, suplica, ya abiertamente, sin asomos de la simpatía inicial, que le deje 20 pesos, y deja ver un destello de franco rencor en los ojos. Le dejo 10. No da las gracias.

La Habana es enfrentarse, pues, a la certeza de que la simpática espontaneidad cubana se va a disolver en antipatía o abiertos malos modos en cuanto la estafa no cuaje, en cuanto no sueltes el anhelado billete de 20 o la mochila o los lentes o el cuarto mojito. Tampoco escasean los que te ofrecen «chicas, tabaco...», sin más. Los *jineteros*. El socialismo castro-guevarista creó un hombre ajeno a toda solidaridad, pendiente con ansia de yonqui de obtener el menor beneficio material, rigurosamente individualista. Lo dice mejor que nadie Jon Lee

Anderson, biógrafo del Che y reportero asiduo a los territorios del socialismo latinoamericano, de Cuba a Venezuela y Bolivia: «Empiezo a creer que este país es una mezcla surrealista de coerciones oficiales e individualismos recalcitrantes».

El socialismo como la negación de lo común, de lo colectivo.

El socialismo como ley de la selva.

El socialismo como la naturaleza humana sin el paraguas de la producción industrial, no digamos postindustrial.

El hombre nuevo del socialismo cubano es además, y consecuentemente, un hombre que vive de los *detritus* del capitalismo.

Salgo a pasear por la ciudad, le pregunto a mi anfitriona si hace falta comprar algo, me dice que cervezas, con cara cómplice y divertida de «Normalmente no se me acaban tan rápido», y me da una bolsa de plástico, una *jaba*: no puedes contar con que haya cerveza en las tiendas, pero incluso si hay cerveza pueden haberse acabado las bolsas. La Habana es todavía la ciudad donde abastecer la alacena significa una peregrinación por varias tiendas y pagar precios bastante altos por productos en general no muy buenos. Abundan los anaqueles semivacíos, y sorprende encontrar latas, bolsas o cajas de donde se quiera —chinas, españolas, mexicanas, norteamericanas— que parecen transportadas por la máquina del tiempo desde los años setenta, ochenta, noventa.

El sueño socialista se alimenta de los restos del capitalismo, ese sistema criminal que iban a erradicar los Castro y el Che por gracia de la economía y la producción centralizadas.

Y es poco lo que no se aprovecha. Los cubanos ni de broma tiran las bolsas a la basura, como sí hacemos tantos ciudadanos del resto del mundo, pero me sorprende ver cómo el anillo para colgar la cortina de la regadera es un tesoro porque si se rompe uno de los originales qué haces, cómo se utilizan los frascos de vidrio, o la gratitud cuando dejas el ibuprofeno o los Alka-Seltzer o el bendito Pepto Bismol que cargas siempre en los viajes por aquello de la cruda, o la botella de shampoo, ni hablar de la ropa o los zapatos. Todo se reutiliza, todo se exprime hasta la última gota. El socialismo castrista inventó la sociedad del reciclaje, pero sin visos de conciencia social.

Lo del reciclaje, sin embargo, no significa que La Habana sea una ciudad limpia. El Estado que tendría que haber sido productor, distribuidor, educador y proveedor de servicios médicos tendría que ser también el Estado recogedor de basura, faltaba más. Tampoco ahí ha tenido éxito. Veo un camión recolector en buenas condiciones que recorre Miramar, pero esa escena es más que rara en casi todo el resto de la ciudad. En ciertas zonas de El Vedado, en la parte abandonada de La Habana Vieja, y sobre todo en los barrios más pobres, esos a los que no llegan los turistas, la basura se acumula en cerros de hasta dos metros de alto en las esquinas. Los camiones, en efecto, pueden tardar días en volver. Es como si el capitalismo hubiera elegido las calles habaneras para instalar una especie de museo al aire libre de sus mil productos en desuso, una exhibición de su victoria sobre la economía planificada.

Lo que pasa es que La Habana es resiliente: supera incluso esa forma extrema de la derrota de un sistema, de una forma de vida, dirían algunos. Mientras esquivo cubanos con mirada depredadora, pilas de basura y banquetas fisuradas, entre logos amenazantes de los CDR y abundantes muros pintados con el eterno «Comandante en Jefe, ordene», como si Fidel pudiera ordenar desde el más allá, pienso sin motivos verbalizables que La Habana es una de esas ciudades que invitan a volver cíclicamente, con la misma resignación feliz de los personajes de Padura que, entre muros roñosos, sorprendidos por el hecho de que ese día sí tienen comida en la mesa, beben ron para darle vueltas sin respuesta posible al misterio de que quieran seguir atados a esa ciudad cuarteada y cruel.

En 2010, el régimen aprobó 178 tipos de trabajo por cuenta propia, de trabajos al margen del Estado, que en 2013 generaban ingresos para unas 400 000 personas. Hoy son 201 los negocios particulares que se permiten en Cuba, 201 formas del «cuentapropismo». Todas tienen sus complejidades. Muchas. M, por ejemplo, vive en una permanente lucha dialéctica y pedagógica con Mi, la empleada doméstica. Mulata correosa, con el pelo tenso en una coleta apretadísima a la manera de las bailaoras españolas, Mi es, por vocación y formación, maestra de escuela. Pero una maestra de escuela cobra 15, quizá 20 dólares al mes, y una empleada doméstica cinco diarios; unos 100 al mes si descansa los fines de semana. La diferencia es demasiado grande.

Uno de los mantras de M es que los cubanos «no tienen educación»: «No dan las gracias, no piden permiso…». El otro, un problema para su negocio, es: «A los cubanos no les gusta servir». No sé si eso es un defecto o una virtud. Sobre todo, no sé si a Mi le gusta. Es un hecho que le cuesta. «No puedes tocar a los turistas», le dice M una y otra vez porque Mi te toma del hombro, te soba un poco la espalda, te agarra la mano mientras sonríe con una dulzura recia. Sobre todo: «No puedes llamar *compañero* a los turistas», machaca la dueña, porque Mi vuelve una y otra vez a usar la misma fórmula: «Compañero, ¿quiere que le lave la ropa?», «Compañero, ya está el café». Y es que Mi es comunista. «Esta sí lo quiere», me dice M en alusión a Fidel Castro, y su empleada le da la razón.

Pero Mi aprende: «Compañero, ya está lista la habitación», me dice con la firmeza que exige ese apelativo, contundente. Sólo para rematar, sin pausa, corrigiendo a botepronto: «Mi cielo…».

¿Qué grado de control mantiene el régimen de Raúl Castro sobre los cubanos, hoy? Me lo pregunto mientras veo en la pared de una casa de El Vedado el enésimo emblema con un sombrerudo que blande un machete en el que se lee «Con la guardia en alto», justo encima de la bandera cubana. Es el emblema de los Comités de Defensa de la Revolución, los CDR, una institución de la que Fidel Castro hizo loas en verdad encendidas más de una vez.

Son casi tan antiguos como el régimen. Les dio pie oficialmente el propio Castro el 28 de septiembre del año sesenta, en una ceremonia frente a lo que hoy se llama el Museo de la Revolución, entonces Palacio Presidencial. Sobre el papel, son «células de barrio» que cumplen diferentes funciones: educativas, de trabajo voluntario, de vacunación, de coordinación de campañas para donar sangre. En realidad, son la cristalización del espíritu totalitario: el triunfo de la idea de que no hay mejor manera de vigilar a la población que poner a la población a vigilarse: hacer de la ciudadanía, delación. De ahí el cariño que les tenía el Comandante.

Los CDR son tal vez el más efectivo de los dispositivos de vigilancia que implementó el régimen socialista, y nacieron claramente con esa vocación, la de vigilar, como vacuna contra cualquier acto externo o interno —los *quintacolumnistas*, para usar el término de su página oficial— de «desestabilización». Lo dijo el propio Castro en aquella ceremonia fundacional: «Vamos a establecer un sistema de vigilancia revolucionaria colectiva. Están jugando con el pueblo y no saben todavía quién es el pueblo. Están jugando con el pueblo y no saben la tremenda fuerza revolucionaria que tiene el pueblo».

Cuba como un país de chivatos.

Como tantas cosas en Cuba, los comités obedecen a una estructura centralizada. Cada cuadra tiene un CDR con un presidente a cargo y cada barrio, un CDR conformado por los presidentes de cada cuadra. Estos se agrupan a su vez en los CDR provinciales, y estos en el Nacional. Y han sabido meter la nariz, histórica y literalmente, hasta la cocina de tu casa.

Cada palabra que dices puede ser oída; cada visitante inusual, cada coche que se estacione frente a tu casa, el paquete raro que tenías en las manos el otro día, la proximidad de alguien del cuerpo diplomático de cualquier sitio, reportado. Y más vale que reportes. A una de las presidentas de la zona de Miramar la destituyeron porque en ocho años no había dado un solo reporte. Que no haya delitos contra la Revolución parece ser un delito.

Lo del país de delatores encuentra por supuesto su expresión más acabada en uno de los grandes libros de la literatura cubana de la segunda mitad del siglo xx, *Informe contra mí mismo*, de Eliseo Alberto. En 1978, Eliseo Alberto, «Lichi» para sus cercanos, cumplía tres años de servicio militar. Eran, como cuenta él, días duros. Cuba combatía una guerra cruel en África, en honor al espíritu internacionalista de la Revolución, ese que llevó al Che al matadero boliviano. Pero dentro de Cuba pasaba al mismo tiempo algo raro: la «política de reunificación familiar», es decir, el acercamiento con el exilio, a poco de los 20 años después del triunfo castrista y de la casi inmediata fractura de esa sociedad. De pronto, la isla empezó a llenarse de familiares que regresaban de Florida o de alguna otra parte.

Fue entonces cuando a Lichi lo llamaron los oficiales de su unidad. La razón: que, por reglamento, tenía que informar a Inteligencia Militar de cualquier contacto con extranjeros. ¿Contacto de quién? De su familia.

Eliseo Alberto era hijo de un notable de las letras cubanas, el poeta Eliseo Diego, un habanero de casta, dicharachero, festivo, bebedor; una institución de la cultura cubana a quien solían visitar otros notables del estamento intelectual: José Lezama Lima, y ese otro notable poeta que es Cintio Vitier, su concuño. El ejército no le impidió a Lichi el contacto con extranjeros, privilegio del que no gozaban los cubanos en general, pero sí le pidieron que informara lo que sucedía en su familia.

El viejo, por su bonhomía, por su fama, podía ser vulnerable a las amenazas exteriores. El imperialismo acechaba. Quién sabe cuáles de aquellos visitantes de Florida podían ser un espía o un saboteador. Muchos, probablemente. Para terminar de persuadirlo, como para hacerle entender que en realidad no le estaban pidiendo nada excepcional, le pusieron una pila bastante alta de expedientes acerca de él, firmados por condiscípulos, vecinos o colegas del gremio poético. ¿Es de sorprenderse? El Telón de Acero tenía paredes muy delgadas en todas las casas: la delación, el chivateo, la denuncia del vecino o el amigo o, sí, el pariente, por miedo o por conveniencia, fue la norma, incluso entre los famosos y, según algunas versiones, incluso entre famosos que fueron disidentes. En 2008, por ejemplo, Milan Kundera, más que notable escritor checo, reconocido por su lucha contra el régimen totalitario, candidato eterno al Nobel, fue acusado de delatar a un estudiante que acabó en prisión durante la friolera de 22 años. Acusaciones similares se hicieron sobre Lech Wałęsa, el líder del sindicato Solidaridad en la Polonia comunista y premio Nobel de la Paz, nada menos, pero también sobre deportistas como el defensa central del Barcelona Gica Popescu, nacido en Rumania, un país de 22 millones de habitantes donde la Securitate, la policía secreta del ominoso dictador Nicolae Ceaușescu, tenía más o menos 11 000 agentes —otra vez, la fórmula de la Stasi— pero también unos 700 000 informantes.

Lichi dice en *Informe*, con todas sus letras, que nunca fue un valiente. Visitó a sus padres, les contó la anécdota y les dijo: «lo peor es que haré el informe contra ustedes, carajo». La respuesta, tranquilizadora, cómplice, consoladora, comprensiva, llegó del viejo: «el informe no era "contra los míos", era "sobre los míos"», explica Lichi que le explicó su padre. No creo que haya quedado del todo tranquilo. Ya en el exilio mexicano, publicó un libro completo, 293 páginas, en 1996. Y en el libro dejó más claro que nadie lo que significa, de veras, construir un país de chivatos:

Unos contra otros, otros sobre unos, muchos cubanos nos vimos estampados en la red de la desconfianza. Los responsables de vigilancia de la cuadra rendían cuentas en los Comités de Defensa de la Revolución sobre la presencia de turistas y sospechosos en la zona, la combatividad de los vecinos y la música contrarrevolucionaria que se escuchaba en las fiestas del barrio (Celia Cruz, por ejemplo). Los compañeros de aula avisaban a los dirigentes de las organizaciones estudiantiles sobre las tendencias extranjerizantes y las preferencias sexuales de sus condiscípulos. Los compañeros del sindicato informaban a la administración de la empresa sobre cualquier comentario liberal de otros compañeros del sindicato. El babalao de Guanabacoa daba razón sobre lo que habían dicho sus caracoles de santería al profesor de marxismo-leninismo que había ido a consultar a los orishas sobre si podía o no subirse a una balsa rumbo a Miami. El activista de Opinión del Pueblo dejaba en los buzones de los municipios del Partido un parte sobre lo que su esposa había escuchado en la fila del pan o en la peluquería. El perro terminaba mordiéndose la cola: contra el responsable de vigilancia, el secretario de Organización y Propaganda informaba por debajo de la mesa que su mujer le pegaba los tarros con un ex preso político, y a espaldas del secretario de Organización y Propaganda facilitaba datos el presidente del Comité, y contra el presidente del Comité escribía tal vez el ya reportado miembro del sindicato [...] El chisme adquirió metodología política. El correveidile (lo llamábamos «trompeta») una justificación histórica.

El «correveidile», la «trompeta», el chisme cargado de metodología política; la delación, pues: la idea del chivatismo como orden social, de la vigilancia recíproca como arquitectura comunitaria, encuentra seguidores en geografías y tiempos inesperados. En Madrid y en el siglo XXI, por ejemplo. En 2015 fue nombrada alcaldesa Manuela Carmena (1944), abogada titulada en la Universidad Complutense y militante del Partido

Comunista Español desde los sesenta, o sea desde los días de Franco. No ganó en el voto por voto, casilla por casilla: tuvo 20 concejales contra los 21 del Partido Popular, dominante por muchos años en la capital española. Pero hay un rasgo distintivo de la izquierda, y es que un radical siempre puede contar con un tonto útil de los sectores moderados. Y a pocas organizaciones de este planeta se les da tan bien la tontería útil como al Partido Socialista Obrero Español. Carmena se presentó a las municipales como candidata por Ahora Madrid, una coalición de agrupaciones de izquierda entre las que destaca Podemos, ese partido cuyo líder más visible, Pablo Iglesias, cobró abundantes dineros por asesorar al gobierno de Hugo Chávez en Venezuela, con los magníficos resultados que le conocemos. No, a Carmena no le alcanzaron los votos, pero alcanzó la alcaldía gracias a los nueve escaños conseguidos por los socialistas. Y se arremangó.

Porque a Carmena podría deberle Madrid sus propios CDR. Madrid, esa ciudad donde los niños de seis años salen a jugar solos a las calles, donde los adolescentes vuelven caminando a casa, borrachos, a las cuatro o cinco de la mañana; la ciudad llena de ancianos que pasean lentos, bastón en mano, por los barrios; la capital de la economía 12 del mundo, esa ciudad, en opinión de su alcaldesa, necesita una reingeniería social. Una reinvención.

La alcaldesa anunció en julio de 2016 la idea de crear una Policía Comunitaria, un proyecto que, visto a detalle, equivale a crear una estructura político-policial paralela a la existente, y algo más. En el centro del proyecto está un gestor de barrio o *community manager*, del que dependerán los agentes municipales, las «mesas de convivencia y seguridad» y «jurados vecinales», pero que también tendrá a su cargo los «servicios sociales», la limpieza, y otras funciones. En el papel, se trata de posibilitar que el pueblo se responsabilice de solucionar sus problemas de seguridad o sus diferendos judiciales. De horizontalizar el poder. De gestión colectiva. De autogestión. Pero el secreto, como en todas las formas de democracia alternativa o directa, de la Venezuela chavista o la Cuba fideliana al zapatismo chiapaneco, está en quién nombra al *community manager* —los términos en inglés asustan menos—. En este caso, lo nombra el Ayuntamiento. La alcaldesa, que así se hace dueña de una suerte de estructura paralela de gobierno, le roba atribuciones, por ejemplo y para empezar, a la Policía Municipal. El «plan piloto» tiene como escenario el populoso, multiétnico, complejo barrio de Lavapiés.

Leo a un viejo amigo cubano avecindado en España, el escritor Ernesto Hernández Busto, opinar sobre esta ocurrencia del Ayuntamiento madrileño. Dice Ernesto que Carmena en realidad no inventó nada. Que el modelito ya aplica en Cuba, donde el gestor de barrio se llama *jefe de Zona*. Que como en todas las propuestas de la izquierda radical, en la de Carmena se asoma el espíritu eclesiástico, aunque sea en plan progre, bienpensante: la mentalidad del inquisidor, la idea de que la vida común necesita ser «gestionada», como si una sociedad libre no fuera simplemente una suma de individuos que se mueven a su libre arbitrio, con el control fronterizo de las leyes, claras y exiguas, como único pegamento.

CDR o no CDR, los cubanos despotrican. Lo hace mi anfitriona. Lo hace el chofer que me lleva en un convertible gringo al aeropuerto. Lo hace Wendy y lo hace su marido, el talentoso músico Ernán López-Nussa. Lo hace la bloguera Yoani Sánchez, claro.

Y no obstante, la censura sigue. Rafael Rojas recuerda que durante la década y piquito del mandato de Raúl Castro, iniciada en 2006 con su interinato, ha habido una permanente censura, de entrada, a las películas. En el Festival de Cine de La Habana, por ejemplo, le pasaron la navaja a una cinta de 2016,

Santa y Andrés de Carlos Lechuga. Peor le fue a la artista Tania Bruguera en 2014, cuando decidió instalar un micrófono en la Plaza de la Revolución para que lo usaran libremente los transeúntes. Fue detenida, sin más.

Justo antes de enfrentar a la plaga zombi, a la que la televisión oficial se refiere como «alteraciones de la disciplina social... disturbios aislados aparentemente causados por grupúsculos de disidentes pagados por el gobierno de los Estados Unidos» —más ironía habanera— Juan, el protagonista de *Juan de los muertos*, el pillo que no se va a Miami para no trabajar, en una crisis de conciencia o de culpa —a pesar de todos estos años de Revolución, de hombre nuevo, las fronteras entre lo uno y lo otro son tan difusas en Cuba como en el resto del mundo—, decide visitar a su hija. Ha sido un macho a la cubana, entre sobrado y pícaro, distante, irresponsable. «Cami, te lo juro: he cambiado», le dice a su hija, Camila, que contesta con un acento español propio de alguien que lleva mucho fuera de la isla: «No, Juan. Tú eres como este país. Te pasan muchas cosas, pero nunca cambias».

Pero ¿por qué no habría censura? Fidel no tuvo empacho en oficializarla tan pronto como el 61, en sus *Palabras a los intelectuales*, en donde dice famosamente: «¿Cuáles son los derechos de los artistas y de los escritores, revolucionarios o no revolucionarios? Dentro de la Revolución, todo; contra la Revolución, nada». Pero es que además lo del control de la palabra lo tiene muy incorporado el comandante Raúl desde joven. En 1953, viajó a Viena a la Conferencia Mundial por los Derechos de la Juventud, organizada por los soviéticos, de donde se trasladó a Rumania. Quedó hechizado por el estalinismo. La historiadora Lilian Guerra cuenta que tomó buena nota de los métodos soviéticos para controlar a las masas, de los programas de reeducación, para empezar.

A diferencia de Fidel, su hermano mayor, Raúl nunca fue blando. Hombre más bien discreto, tuvo siempre fama de ser un poco bipolar: transita sin problemas del afecto profundo a lo intransigente e incluso a lo brutal. En los años negros de las UMAP, esas «unidades militares», el jefe del ejército, o sea de lo «militar», era él. Pero su fama de violento se remonta por lo menos al 59, cuando encabezó la «liberación» de Santiago, la segunda ciudad tras La Habana. Ahí mandó a ejecutar, y luego tirar a una zanja, a más de 70 soldados y oficiales de la tropa batistiana.

Y no obstante, las cosas cambian. Sobre todo, los hijos nos cambian. O las hijas.

O a lo mejor es que las hijas y los hijos resultan útiles para convencer al mundo de que las cosas cambian.

Camino por El Vedado con la mira puesta en La Habana Vieja, una caminata de respetable duración. A diferencia de lo que pasa ya en Londres, Nueva York o la Ciudad de México, no percibo en La Habana un barrio como el Chueca madrileño —donde por estas fechas las paredes de la estación de metro están pintadas con los colores de la bandera de la diversidad sexual—, o de la Zona Rosa chilanga, que haya sido abiertamente *ocupado* por la comunidad gay. Tampoco veo parejas del mismo sexo tomadas de la mano, o abrazadas o besándose en lugares públicos. Ni hablar del llamado matrimonio igualitario, en vigor en la Ciudad de México desde 2010. El machismo-leninismo mantiene su vigencia, en el entendido de que en realidad eso lo que hace es simplemente homologar a Cuba con la mayor parte del mundo, mayoritariamente conservador.

Y no obstante, las cosas cambian, sí.

«Yo soy una de las mejores tanquistas del país, por no decir: la mejor. Para el ejército yo funciono como un hombre, todavía. En los papeles, estoy con mi nombre natural de Osmany, como sargento de segunda de reserva de la artillería de tanques. Si viene una guerra, yo soy la más capacitada para defender la Plaza de la Revolución. Si se forma una guerra, ¿te imaginas que vienen a la casa a buscarme y me ven así? Les da un infarto». Quien habla es una mujer morena, rubia artificial, delgada, que cuida cariñosamente a una abuela con pinta de acercarse al siglo (me gusta pensar que, entre otras cosas, porque no ha dejado de beber café, como hace de un vaso, a la manera de los portales veracruzanos). Es una de las tres protagonistas de *Transit Havana*, un documental sobre tres cubanos que intentan por todos los medios romper los límites de la burocracia, la pobreza y el machismo atávico de la isla para aspirar a una de las cinco operaciones de cambio de sexo que se hacen anualmente en el país, ejecutadas por un cirujano belga y uno holandés.

Entre los cuatro hijos que criaron Raúl Castro y su mujer, Vilma Espín, se cuenta Mariela Castro, sexóloga. En 2000, Mariela tomó la dirección del CENESEX, es decir, el Centro Nacional de Educación Sexual, que tiene, para decirlo en una palabra, una agenda francamente progresista, en el país del conservadurismo de izquierda. CENESEX ha emprendido una larga lucha legal y mediática en pro de los derechos de los transexuales como Osmany, primero —por ejemplo, para que puedan casarse y gozar del mismo derecho a herencias y pensiones que cualquier pareja heterosexual a la antigua—, y en general de la llamada comunidad LGBT, enseguida. Acepta Mariela que en tiempos de las UMAP hubo abusos, pero niega que haya habido torturas, como asegura Reinaldo Arenas. Y sostiene que su padre ha reconocido que, en eso al menos, se equivocaron. ¿La vuelve esa afirmación una disidente, una oveja negra? Ni por asomo. Mariela Castro vive del Estado cubano, se mantiene cerca de su padre, se mueve por el mundo, de charla en charla y simposio en simposio, custodiada por el aparato de seguridad provisto por el Estado cubano, aparato de seguridad que suele espantarle a los periodistas díscolos y descreídos. Y no sólo contradice a Arenas: lo descalifica ante los medios como pederasta y mentiroso. Pero es un personaje atípico: dice media verdad, un porcentaje alto en un país como el suyo.

Porque vaya que se equivocaron, aunque vaya también que hubo torturas. No es sólo lo que dice *Conducta impropia*, no es sólo lo que dice Franqui, no es sólo Feltrinelli. Es que cuesta no creerle a Arenas. Decía Guillermo Cabrera Infante que así como Virgilio Piñera —otro de los grandes escritores cubanos que con enorme valentía no negó sus preferencias sexuales— era contenidísimo salvo cuando encendía el tabaco y «Marlene Dietrich se apoderaba de sus gestos, de su humor y de su humo», Arenas, «Rey», era siempre «expansivo y barroco». Le costó caro. Nacido en Aguas Claras, en la Cuba rural, el 43, se instaló en La Habana, apoyó a la Revolución y adquirió nombre gracias al único libro que publicaría en su país, *Celestino antes del alba*. Y le cayó encima el Estado, a él también. Irritaban no sólo sus posiciones críticas ante el estalinismo caribeño que sentaba sus fueros cada vez con más determinación y brutalidad, sino también la estridencia de sus maneras, el desparpajo estentóreo con que contaba y proclamaba su sexualidad promiscua y continua. Acabó, decíamos, en la Prisión del Morro, de la que salió para intentar, desesperadamente, una salida de la utopía que sólo consiguió el año 80, durante el Mariel, tras falsificar sus documentos. No se adaptó a Florida, la otra Cuba, por el exceso de conservadurismo del exilio. Terminó por vivir en Nueva York. El año 87, en la década terrible del VIH, fue diagnosticado como positivo, dos años después de que muriera por las mismas causas el actor Rock Hudson, primero de las víctimas famosas de esa pandemia. Sus memorias, luego llevadas al cine por Julian Schnabel con un notable Javier Bardem en el protagónico, terminan justo cuando está a punto de suicidarse. Murió el 7 de diciembre de 1990.

Dicho sea de paso, también reconoció haberse equivocado Fidel, cierto que a regañadientes, con bastante juego de cintura, en una entrevista de 2010 con la periodista mexicana Carmen Lira: «Sí, fueron momentos de una gran injusticia, ¡una gran injusticia!, la haya hecho quien sea. Si la hicimos nosotros,

nosotros... Estoy tratando de delimitar mi responsabilidad en todo eso porque, desde luego, personalmente, yo no tengo ese tipo de prejuicios». Por los registros que quedan, no le alcanzaron los siguientes seis años y pico, hasta su muerte, para acabar con esa «delimitación».

«Si la hicimos nosotros...».

La Revolución como el Alzheimer autoinducido.

«¿Tú crees que se puede confiar en un tipo que no le es fiel ni a su propio sexo?». La pregunta se la hace un amigo a David (el actor es el muy delgado y cejijunto Vladimir Cruz), que todavía no lo sabe pero está por entablar una amistad profunda con Diego (un Jorge Perugorría delgado y guapo, muy diferente del que hace de Mario Conde en la serie de Netflix, más un decadente con onda). Es una amistad improbable. Gay, culto, corrosivo, delicado hasta el extremo —tiene mucho de Reinaldo Arenas, de Lezama Lima, de Severo Sarduy, de Virgilio Piñera, los cuatro grandes autores manifiestamente gays del siglo XX cubano—, Diego es visto por un comunista como el amigo de David, Miguel, y en principio por David mismo, como una aberración, como una amenaza, como un enfermo. «La Revolución no entra por el culo», le dice Miguel a David en otro momento, lo que no le impide, en cierto punto, nalguear dizque cómplicemente a su asere. Es la versión callejera del machismo-leninismo, ese mismo que Fidel dijo que no profesaba pero que profesó.

La película es *Fresa y chocolate*, se estrenó el año 93 y fue sonada, por varias razones. La primera, que uno de sus dos directores es Tomás Gutiérrez Alea —el otro es Juan Carlos Tabío—, que estaba a dos años de morir. La segunda, que se basa en un cuento de otro peso completo de la literatura cubana, *El lobo, el bosque y el hombre nuevo*, de Senel Paz.

Pero la razón principal por la que *Fresa y chocolate* fue un éxito, al punto de ganar un Goya, una mención especial del jurado en Berlín y hasta una nominación al Oscar como mejor película extranjera, es que fue la primera cinta producida en Cuba (en coproducción con México y España) con semejante tabú como tema central. Y pasó la censura. Hasta tres premios se llevó en el Festival del Nuevo Cine Latinoamericano de La Habana... Para desaparecer de las salas. La prensa anuncia en estos días que el Instituto Cubano de las Artes y las Ciencias Cinematográficas, el ICAIC, el mismo donde enseñaba Gutiérrez Alea, restauró la película y va a reponerla en salas, 24 años después. Bien por el ICAIC, bien por el público cubano.

La encomienda de David es espiar a Diego. No es nada más un asunto de preferencias sexuales, de machismo. En algún momento, nervioso, Diego le dijo que quiere organizar una exposición para otro amigo, con ayuda de una embajada. Y a David su amigo le dice que tiene que estar trucha, que lo de la embajada sí es grave. Que vuelva a casa de ese «maricón» sobre cualquier pretexto, y mire y escuche. El pretexto es un libro prohibido, nada menos que *Conversación en La Catedral* de Mario Vargas Llosa, que Diego se ofreció a prestarle. El resultado, una amistad de hierro y atípica, y el peso insoportable del Estado totalitario, que amenaza a Diego con estrangularlo, al punto de que —disculparán el *spoiler*— termina por abandonarlo: huye de Cuba.

La Cuba de los noventa, esa que asomaba las narices del Periodo Especial para empezar a respirar, todavía miraba con sospechas profundas cualquier roce con extranjeros, y más si trabajaban en alguna representación diplomática, y veía como «diversionismo ideológico» ciertas formas del arte, como sin duda vería ese Jesús flagelado con muy bolcheviques hoces o ese Marx coronado de espinas a la manera del Cristo que descansan en el departamento de Diego en La Guarida, otra perla de socarronería habanera, de ironía *Made in Cuba*. Pero es que hasta el whisky es sospechoso. En algún momento, Diego saca una botella de Etiqueta Roja. «¿Me aceptas un brindis con la bebida del enemigo?», le pregunta a David con otra dosis de ironía, sirve dos vasos muy a la gringa, es decir, retacados de hielo, y remata con una pregunta no menos irónica: si no tendrá algún «efecto ideológico». El whisky, que tantas cosas buenas ha dado a la humanidad, esa medicina que no se vende en las farmacias, la que con tanta asiduidad bebía Fidel en su yate, es una bebida difícil de conseguir en Cuba, y cara cuando se consigue. En Venezuela, que fue uno de los principales consumidores per cápita de *scotch*, Hugo Chávez hizo una guerra sin tregua contra el whisky, técnicamente proscrito.

El socialismo como el infierno: una sociedad sin whisky.

Diego vive en un edificio ruinoso, señorial, antiguo, en el que te recibe un mural con palabras de Fidel Castro a pie de la escalera y al que se refiere como La Guarida. Lo reconocerá cualquier viajero que haya sido bien aconsejado: hoy es uno de los mejores restaurantes de Cuba. En efecto, la de la película es una Guarida que, me doy cuenta mientras vuelvo a verla, es y no es muy parecida a la que hoy recibe tan bien a tantos cubanos y tantos turistas. Y es que el restaurante de hoy nació por la película de ayer, cosa que no sabía cuando subí al techo con la mejor vista de La Habana, una vista a vuelo de pájaro de las geografías esas que tan inexplicablemente nos enganchan, las del misterio de La Habana a que me refería antes. El lugar común aplica: el «paladar» de la calle de Concordia 418 es un oasis no en el desierto, sino en el Caribe, un oasis entre ruinas humedecidas. Como homenaje a la película, ofrece un «Menú Lezama», que es ese, carísimo, 100 dólares, que le ofrecen Diego y su vecina, Nancy, a David, antes de que pierda la virginidad con ella. Incluye una sopa de plátano a la que Lezama Lima decide ponerle tapioca, un *soufflé* de mariscos coronado de langostinos —la masa apretada «como un coral blanco»—, más un pavón dorado al que permea la mantequilla y una crema helada de remate. Pero sobre todo incluye los habanos, el ron, la conversación. El almuerzo viene en la novela *Paradiso*, que tal vez es la culminación de la narrativa barroca a lo cubano, esa que patenta Alejo

Carpentier, comunista irredento, y llega como olas a la playa, una tras otra, en Arenas, Cabrera, Sarduy, Lichi…

Significativamente, La Guarida, el llamado paladar que en realidad es un restaurante muy en forma, empezó a servir platos el año 96. Si el régimen admitía una cuota de crítica en lo cultural con *Fresa y chocolate*, en lo económico la admitía sin admitirlo con la aceptación de que la iniciativa privada, la vida económica al margen del Estado, era una necesidad inaplazable. Las cosas cambian, sí, incluso en el reino de Utopía.

Utopía: esa sociedad perfecta, que es por lo tanto la sociedad diseñada para no cambiar.

Otro buen ejemplo de que las cosas cambian es el llamado Parque John Lennon, en El Vedado, donde el beatle, convertido en una estatua de tamaño natural, descansa en una banca con las piernas cruzadas, como invitándote a que le vayas a contar una pena de amor.

Lennon descansa ahí desde principios de este siglo. Se tardó. En toda La Habana veo una abundancia de camisetas de marca o tal vez piratas, camisetas con la bandera gringa o británica estampada, camisetas con caras y logos de bandas o solistas de rock y pop en inglés. Esto era impensable en décadas pasadas. Los Beatles, como gran parte de la música en inglés, como los cabellos largos en los hombres, como —decía antes— el «jipismo» en general, estuvieron prohibidos en Cuba durante los sesenta y los setenta, o al menos tan mal vistos, tan denostados, que técnicamente estaban prohibidos. Se clasificaba a todas esas expresiones como manifestaciones del *diversionismo ideológico imperialista*. Una vez más, Cuba se apuntaba a ciertas formas de la ortodoxia del socialismo real.

Todos los regímenes derivados del sueño leninista, las revoluciones triunfantes, han definido formas aceptables del arte, formas *correctas* de la cultura, aunque no siempre desde sus arranques. La Revolución del 17 concedió cierto grado de libertad expresiva en las primeras etapas de su gobierno, hasta que logró cuajar en el poder y estableció los parámetros jurídicos del «realismo socialista», entre 1934, con el Congreso de Escritores de la Unión Soviética, y el lanzamiento de la Constitución, el 36. La cultura, como la educación —como todo—, quedaba supeditada a la ideología de Estado.

No fue el caso de los jemeres rojos en Camboya ni de Kim Il-sung en Corea del Norte, fulminantes, instantáneos en el ejercicio censor, pero incluso la revolución maoísta se tomó un tiempito antes de aplicar lineamientos rigurosos a la creación o disfrute del arte. Hay una crónica extraordinaria de aquellos años, *Historias de Pekín*, cortesía del historiador David Kidd, que el 49 se mudó a esa ciudad para casarse con una mujer perteneciente a las viejas clases privilegiadas, atestiguó desde esa atalaya el triunfo de los comunistas y luego fue golpeado por el desplome de un mundo milenario. Kidd terminaría por huir de los tribunales populares, el prematuro culto a la personalidad de Mao, el espionaje contra todo y todos como una plaga rápida y silenciosa, el acoso legal a los extranjeros de un país que terminaría blindado ante el mundo por décadas, y hasta del extremo surrealista de prohibir el mahjong, por ejemplo, un antecedente de la venta por peso, literalmente como leña, de los antiguos muebles Ming, o de los bronces y las porcelanas ancestrales, porque su posesión te volvía sospechoso de pertenecer a una clase social destinada al exterminio.

La culminación de esta tendencia fue, por supuesto, la Revolución Cultural lanzada por Mao Tse-tung entre el 66 y el 76, con las temibles Guardias Rojas, los talibanes del comunismo a la china, humillando o incluso ejecutando públicamente a cualquiera que se alejara un centímetro de los paradigmas culturales impuestos por el Gran Timonel, de un rigor extremo en su ruptura con el pasado, con Occidente y, en general, con cualquier forma de la *cultura burguesa*. Lo han documentado, entre otros muchos, Jung Chang y Jon Halliday en su biografía de Mao, que calcula en 70 millones de muertos el saldo del maoísmo, la propia Jung Chang en esa exitosa novela autobiográfica que es *Cisnes salvajes* y, por la vía de lo visual, el fotógrafo Li Zhensheng que, con una tremenda valentía, fue contratado para registrar cada logro de la Revolución Cultural y paralelamente hizo un archivo del horror que escondió durante 40 años.

El socialismo —lo dijo alguien— como ese sistema en el que aquello que no está prohibido es obligatorio.

Cuba no llegó a los extremos maoístas, pero el rigor de la censura no fue poco. Las tentativas censoras se asomaron tan pronto como en marzo del 59, desde espacios como la revista *Ciclón* o el periódico *Revolución*, que llamaban a una «depuración» de profesores universitarios o intelectuales que cargaran con un pasado «republicano». Luego, oleada tras oleada, año tras año, Cuba sufriría una verdadera devastación cultural, vía el exilio y la censura, que debería bastar para cuestionar a fondo la idea de que la Revolución ha sido, si no otra cosa, al menos una promotora generosa y eficaz de la cultura.

De Cuba se fueron y en Cuba fueron prohibidos, primero, los liberales y los católicos: Lydia Cabrera, estudiosa de las culturas de origen africano, o el narrador Lino Novás Calvo, por ejemplo. No tardaron en salir el novelista y crítico de cine Guillermo Cabrera Infante, rumbo a Londres con escala breve en España, luego de dirigir el muy buen suplemento *Lunes de Revolución*, y Carlos Franqui, director del diario *Revolución*. También, claro, Severo Sarduy, poeta, ensayista, narrador, que el 60 decidió quedarse en París, donde murió de sida el 93. Enfermo asimismo de sida, Reinaldo Arenas optó por el suicidio, el 90, en su departamento neoyorquino, luego de poner el punto final a *Antes que anochezca*, esa crónica implacable de su vida y particularmente de la persecución que sufrió en Cuba por sus preferencias sexuales, la que dice Mariela Castro que no sufrió. Antes y después, el éxodo de la cultura cubana ha sido equiparable, digamos, al de la España republicana tras el triunfo del franquismo. En diferentes momentos y con destinos distintos —la propia España, México, por supuesto la Florida—, de Cuba escaparon cineastas como Néstor Almendros; músicos como Celia Cruz, Gloria Estefan, Bebo Valdés, Paquito D'Rivera o Cachao, y desde luego numerosos escritores: Gastón Baquero, Eliseo Alberto, Rafael Rojas, Guillermo Rosales, Jesús Díaz, Heberto Padilla tras ser represaliado, Zoé Valdés, José Manuel Prieto, el analista y periodista Carlos Alberto Montaner, Abilio Estévez, Ernesto Hernández Busto, Reinaldo Bragado, y la lista sigue.

Pero las cosas, en alguna medida, cambian, sí. Incluso, da la impresión a veces de que en una medida importante, al menos en términos simbólicos. El Parque Lennon fue inaugurado, entre otros, por Fidel Castro, convertido en un aficionado al rock de la última hora, y el cantautor Silvio Rodríguez. Castro dijo esa vez que a Lennon le hubiera dicho: «Lamento mucho no haberte conocido antes». Es poco creíble, en el hombre que el año 63 dijo en un discurso: «Muchos de esos pepillos vagos, hijos de burgueses, andan por ahí con unos pantaloncitos demasiado estrechos, algunos de ellos con una guitarrita, en actitudes elvispreslianas, y han llevado su libertinaje a extremos de querer ir a algunos sitios de concurrencia pública a organizar sus *shows* feminoides». O tal vez Fidel cambió drásticamente, y sí, hubiera querido conocer antes a Lennon. Qué miedo. Hiela la sangre imaginar —*Imagine*— lo que hubiera pasado en semejante encuentro, en semejante choque de mesianismos.

Con todo, a estas alturas lo del parque es un recuerdo difuso, sobre todo a partir de 2016. Lennon fue opacado.

«Sabemos que años atrás era difícil escuchar nuestra música, pero aquí estamos tocando para ustedes en su linda tierra. Pienso que los tiempos están cambiando», disparó Mick Jagger, el *frontman* de los Rolling Stones, ese 25 de marzo en la Ciudad Deportiva de La Habana, durante un concierto gratuito de *sus satánicas majestades* en el que pudieron verlos entre 300 y 400 000 personas, según la fuente que consultes. Las palabras de Jagger no son un canto de guerra contra el régimen, no. Sin embargo, sobra decirlo, son una forma de decir que qué bueno que las cosas cambien, pero también que las cosas eran un horror.

Los Stones, como los Beatles, estuvieron prohibidos, aunque no formalmente, en Cuba. Y no sólo en Cuba. Antes, habían logrado filtrar muros censores tan espesos como el de la República Democrática de Alemania, donde tocaron el 90, o sea antes de la caída del Muro de Berlín, o el del comunismo-capitalismo de Estado-sistema en todo caso represivo de China, 10 años antes del concierto habanero, en abril de 2006. Un concierto que sí, tuvo que pasar también por unos cuantos filtros. Aquella vez los Stones aceptaron no interpretar cinco de sus canciones, pequeño triunfo para los censores chinos, pero con esa concesión lograron tocar y que el concierto se transmitiera por la televisión estatal, que llegaba a unos mil millones de personas. Además, invitaron como telonero al contestatario Cui Jian, cuyas canciones coreaban los estudiantes en la Plaza de Tiananmén cuando las protestas del año 89, finalmente reprimidas por el ejército con esa carga de tanques que nunca olvidaremos. Así que para los Stones lo de dar un concierto en La Habana sonaba como a un reto obligado.

Al margen de permisos y operaciones diplomáticas como las que tendrán que haber pasado en algún momento, el concierto ofrecía problemas prácticos en abundancia. De entrada, quién lo iba a pagar. En el país donde un médico digamos que altamente calificado —la medicina cubana es otro tema que exige una vida de estudios para empezar a comprenderlo— gana el equivalente a 60 dólares mensuales y un maestro de escuela

15, pagar lo que cuesta un concierto de los Stones, incluso si se atiende a los tabuladores más bajos, es sencillamente imposible. Así que alguien tenía que financiar ese concierto para que los cubanos pudieran disfrutarlo sin desembolsar por un boleto, y el costo no era bajo: alrededor de siete millones de dólares, según cuenta el periodista argentino Javier Sinay. Terminó por pagarlo, antes que nadie —se terminarían sumando otros patrocinadores— la Fundashon Bon Intenshon, sita en Curazao, dirigida por un magnate melómano, el abogado corporativo Gregory Elias, al que se debe también algún festival de jazz.

Y no obstante, Cuba dista de ser un país proclive al rock. Los taxis, como los vecinos de Habana Vieja que escuchan sin descanso música distorsionada, me obsequian mientras paseo con una cantidad de reggaetón que no puede ser sana bajo ningún criterio. Me toca música cubana de la de toda la vida en Floridita, ese bar donde Ernest Hemingway decía que tenías que tomarte el daiquirí —se ha repetido hasta el fastidio que el mojito se lo tomaba en La Bodeguita del Medio— y le hicieron caso un montón de gringos. También en el bar del *lobby* del hotel Riviera, con enormes ventanales que dan al Malecón y un agradable olor a habano que sólo es posible en el único país que conozco, hoy en día, al que no le ha dado por vetar el humo en interiores. Tiene su gracia, sí. Es un hotel detenido en el tiempo que te da la impresión de que en cualquier momento verá llegar a los viejos mafiosos que lo frecuentaban, esos tipos como Meyer Lansky que terminaron por huir tras el triunfo de la Revolución. La banda no es extraordinaria, pero casa con el ambiente.

Rock, poco o nada. ¿Triunfó en ese sentido la revolución cultural a lo Castro, o más bien es que el rock topa en Cuba con raíces musicales demasiado fuertes, previas a la revolución del 56-59?

Subo por la avenida Paseo y se acerca un mulato alto, en camisa de manga corta, calvo, con una sonrisa que no se cree nadie que lleve un par de días en la ciudad. No nos la creemos ni mi amigo y editor Gabriel Sandoval ni yo, pero lo dejamos hacer. Pregunta, ritualmente, de dónde somos. Ritualmente, muestra un entusiasmo desbordado por nuestra mexicanidad. Enseguida, saca de su mochila un folleto a color donde se anuncia un concierto de Silvio Rodríguez y Pablo Milanés en la Universidad de La Habana.

Sabemos que no habrá tal concierto. El folleto es evidentemente viejo. Sobre todo, llevamos varios días en la ciudad y no hay una sola evidencia más de que eso vaya a ocurrir: ni un cartel, ni un comentario de nuestros conocidos, ni un rumor. Es sabido además que Silvio ha manifestado una tristeza de proporciones cósmicas por la muerte de ese semidiós que fue Fidel, una de esas que invita a un luto tipo medieval, prolongadísimo. Adivino que intentará estafarnos con boletos falsos. No. Lo del concierto es sólo una carta de presentación, que en sentido estricto resulta innecesaria. Confusamente, porque tampoco es de los estafadores callejeros más elocuentes que nos tocaron, deja caer por fin que la puesta en escena trata en realidad de las medicinas que necesita para su esposa enferma, de que vayamos con él a la farmacia. Cuando nos negamos con toda la educación que nos queda, borra sin más la sonrisa, nos quita de las manos la publicidad y se va sin despedirse. Lo dicho: eso también es parte del ritual.

Es casi la única referencia que tenemos a la Nueva Trova Cubana en todos esos días. No es que Silvio y Pablo sean figuras ignoradas en la isla, lejos de ello. Pero es evidente que su estatus ha cambiado, por decisión propia o ajena.

Milanés, dicen varios medios, vive en España hace tiempo, aunque su hija Haydée, que me visita en mi espacio televisivo en México porque ha estrenado un disco con él, asegura que eso no es cierto. Sin haber renegado plenamente de la Revolución y el régimen, Pablo Milanés mantiene una distancia no exenta de crítica. Significativamente, y tal vez como prueba de que mi percepción sobre los gustos reggaetoneros del cubano medio no es errada, se refirió a ese género como aquel que posee «lo peor de la música popular», un género «grosero» que tristemente copa el mercado. Tiene 74 años y ha sobrevivido a un cáncer violento, a principios de este siglo, y a un trasplante de riñón para solventar una insuficiencia renal, en 2014. Pero ha logrado formar una nueva familia, con la historiadora gallega Nancy Pérez, y sobre todo no suelta el escenario. A la hora de escribir estas líneas, aparte de estrenar disco, *Amor*, prepara una gira que pasará por México y aparece en la foto, en el Gran Teatro de La Habana Alicia Alonso, con una enorme caja: 53 discos y cinco DVD, su obra completa. Los edita una disquera cubana, BisMusic, así que tan lejos de la patria suya no está.

Lo de Rodríguez es muy diferente. A diferencia de su compañero de andanzas, Silvio niega haber estado refundido en una UMAP en los sesenta, como se ha dicho. En realidad, ha evitado casi por sistema, o sin el *casi*, cualquier roce con el Sistema, cualquier reproche, cualquier crítica a fondo. Hubo una excepción, aparentemente. En 2014, descubrió en un «recorrido» por La Habana que «la gente está jodida, muy jodida, mucho más jodida de lo que pensaba». Se tardó. Nacido el 46 en San Antonio de los Baños, el 59 mismo se alistó en las Juventudes Socialistas de su ciudad y no mucho después en la Asociación de Jóvenes Rebeldes, creada por el Che ese año para sumar a la Revolución, en principio, a aquellos jóvenes que no estudiaban ni trabajaban: a los *ninis* del medio siglo. Vamos, que las credenciales socialistas del trovador son intachables. Desde entonces y hasta el siglo XXI, ha tocado y grabado en Cuba, se le ha permitido ir de gira por el mundo, y publicar, y dar pláticas, y... Nada, que no ha sido que digamos un disidente. También, fue diputado en la Asamblea Nacional del Poder Popular, aunque no hay evidencias de que entonces haya hablado de lo «jodido» que estaba todo, tal vez porque no tuvo tiempo de salir a las calles, tan ocupado en escribir leyes y canciones. Gozó y goza Silvio Rodríguez, pues, de privilegios que no tiene la mayor parte de sus conciudadanos.

Había un chiste horrible en tiempos del *apartheid* sudafricano. El líder del país convocaba a una concentración masiva y anunciaba que se había acabado eso de dividir a la población en negros y blancos. Que desde ese momento todos serían verdes. Terminada la ovación correspondiente, invitaba a los verde claro a acomodarse del lado derecho y a los verde oscuro del izquierdo. En la utopía igualitaria organizada en tonos de gris que es Cuba, Silvio está en la parte de los gris claro.

Pero en 2014 decidió saltar a las calles, ir a los barrios. Entrar en contacto con el pueblo combatiente. Pueden verlo en *Canción de barrio*, un documental dirigido por el debutante Alejandro Ramírez Anderson. *Canción...* avanza por dos caminos que se alternan. Buena parte de la película nos muestra a Rodríguez en diversos conciertos al aire libre, en las barriadas habaneras, transformadillo. Porque es cierto que canta su viejo repertorio, ese que glorifica con fiebre metafórica a la Revolución, pero ahora también es posible verlo recitar, solemne, quién sabe qué versos que apuestan a recuperar la herencia republicana de Antonio Maceo y, por supuesto, la de Martí, quien se revuelca en la tumba desde que el castrismo lo convirtió en un fidelista *avant la lettre*. Si tú, lector, eres de los que creen que el legado musical de Rodríguez trasciende sus componendas con el régimen, o si festejas las componendas y al régimen, esta peli te va a encantar, porque el Comandante en Jefe de la Nueva Trova no sólo nos receta sus *hits*, sino que lo hace acompañado de un nutrido grupo de famosos, desde Omara Portuondo hasta Amaury Pérez, y hasta alguno de esos hiphoperos a los que tan mal se solía mirar desde los ámbitos oficiales. Porque no, el hi hop tampoco gustaba en las altas esferas.

Luego está la otra pista, la que rescata la película, la que la hace un documento de valía. Cada que Silvio deja de cantar o que la cámara evita el enésimo panegírico para el trovador, el consabido «ya era hora de que alguien nos hiciera caso, y tenía que ser este prohombre», la cámara apunta hacia la Cuba verdadera y quienes la padecen. La de la basura, los techos derruidos y los cortes de luz. La jodida.

Pero el cambio de Silvio —a él también le hablan sus seguidores de tú, aunque no siempre les conteste, como verán enseguida— no parece en realidad tan profundo.

En 2010, sostuvo Rodríguez una polémica escrita con el exiliado Carlos Alberto Montaner que, para ponerlo en términos suaves, obliga a marcar con un asterisco su conversión democrática. Y es que salió vapuleado, pero no por falta de entusiasmo socialista. El detonante fue una ¿carta, canción, poema?, no es fácil determinarlo, de nombre «Preguntas de un trovador que sueña», y que apareció en una perla del pensamiento ultra llamada *Kaosenlared*, una página que se anuncia como «Información contrahegemónica para el cambio social». Lanza muchas preguntas el trovador, una de ellas: «Si los miles de cubanos que perdimos familia / en atentados de la CIA hiciéramos una carta de denuncia / ¿la firmaría Carlos Alberto Montaner?». Y Montaner, al que no es habitual ver en el acto de eludir una polémica, respondió. Largamente.

Fue un intercambio bastante sonado. Contemporáneo de Pablo (nació el 43 en La Habana), partidario fugaz de la Revolución, convertido casi de inmediato en opositor —así lo cuenta— por el horror de los juicios sumarios y los fusilamientos, acusado a los 17 años de actividades terroristas nada menos que en la célula del famoso Orlando Bosch, y exiliado luego de fugarse de la cárcel para menores y refugiarse en la Embajada hondureña, Montaner es un columnista profusamente leído, autor de varios libros y un colaborador habitual de CNN.

Que claro, le dijo a Silvio. Que la firmaría. Y que si, ya que estamos, Silvio firmaría una, por ejemplo, donde se rindiera tributo a los disidentes que se jugaban la vida en Cuba, como las Damas de Blanco y Orlando Zapata y Guillermo Fariñas, y donde se pidiera a los hermanos Castro que 51 años después, caray, dejaran ya el poder. Y no, Silvio, que para decirlo coloquialmente se puso de pechito, no respondió que sí. Pero se permitió decir, por ejemplo, que los «actos de repudio» contra las Damas de Blanco son una reacción popular, espontánea, de indignación: «No estoy de acuerdo con los actos de repudio, pero otros cubanos se indignan hasta el punto de cometerlos [...] Encuentro lógico que las madres y esposas de los presos se preocupen por sus familiares y que lo manifiesten. No me parece muy honesto que reciban ayuda económica de otro gobierno y mucho menos de connotados terroristas, como parece ser el caso de ciertas señoras». La respuesta provoca varias preguntas: la primera de ellas, ¿por qué no «parece honesto» recibir ayuda de otro gobierno, particularmente cuando vives bajo un régimen cuya actividad productiva más eficaz es pedir ayuda a otros gobiernos? Por si quedan dudas, como «actos de repudio» debemos entender el apaleamiento, la humillación pública, la amenaza a las familias y el arresto violento de mujeres que piden la libertad de sus familiares, presos políticos. Por «reacción popular», cargas policiacas abiertas o la violencia coordinada de los CDR. Dicho sea de paso, y a manera de ejemplo, como un mensaje claro, clarito, la represión contra las Damas se disparó justo en los días previos a la llegada del presidente norteamericano Barack Obama, que no acusó recibo, como si el mensaje no fuera en principio para él.

¿Cambia tan drásticamente en cuatro, cinco, seis años una vocación tan firme de comisario político? No parece. El luto de Silvio por la muerte del Comandante empezó con un desplante a la presentadora de televisión cubana Cristina Escobar: «Silvio, buenos días...», se arrancó Escobar, pero él cortó enseguida: «No son muy buenos los días, la verdad...», y siguió su camino sin más. No contestó y el silencio fue un preámbulo. En su blog Segundacita publicó, abajito de donde dice «Gloria eterna a Fidel», una apología del Jefe Supremo en la que entran frases como: «Desde que yo era niño lo vi como a un maestro de humanismo. Todavía lo veo de esa forma».

Si quedan dudas con la firmeza de ideales de Rodríguez, en pleno «levantamiento de mayo» venezolano, cuando los jóvenes enfrentan con piedras a los tanques y las organizaciones bolivarianas armadas porque la utopía chavista los llevó a la desesperación, usó su blog para alentar al pueblo venezolano a defender la Revolución. «No dejen de luchar por lo que vale la pena: la América Nuestra que previeron Bolívar y Martí, Fidel y Chávez», dice con esa extraña tendencia a amalgamar ideológicamente a personajes tan disímbolos.

La Revolución como un nuevo humanismo: el carcelario.

A propósito de actos de repudio, no es que estos sean privativos de Cuba. En México hemos tenido uno que otro desde hace años. Me consta porque lo vi. Lo sufrió Huber Matos el día que intentó presentar *Cuando llegó la noche*, su libro de memorias, en la Ciudad de México, en 2002. Matos fue otro de los enemigos acérrimos del castrismo, como es de sobra conocido. Maestro de escuela de la camada de 1918, es decir ocho años mayor que Fidel Castro, militante como este del Partido Ortodoxo, combatiente en la sierra del 56 al 59, participó con el grado de comandante en el asalto definitivo a Santiago. Se distinguió en aquellos años, sobre todo, por lo que no fue: un comunista, y lo que sí fue: amigo de Camilo Cienfuegos. Al triunfo de la Revolución, Castro lo nombró comandante del ejército en la provincia de Camagüey, esa misma donde no tardarían en aparecer las UMAP.

Matos entendió rápidamente el horror que se venía. Tan pronto como en julio del 59, denunció en discursos públicos el giro claramente comunista que tomaba una revolución que había prometido llamar a elecciones cuanto antes. Empezaron entonces las fricciones con Fidel, que lo llevaron a presentar su renuncia hasta en dos ocasiones, ya en privado. No hubo más. En octubre, el Comandante lo acusó de sedición y, con ese retorcimiento tan suyo, mandó nada menos que a Camilo Cienfuegos, su amigo, a detenerlo.

Matos cuenta que esa vez le dijo a Camilo que se anduviera con mucho tiento, que su vida corría peligro. Comandante de probada eficacia, el más barbudo y pelilargo del alto mando revolucionario, lleno de sorna, relajado, sonriente, cálido, amante del beisbol, mujeriego, rumbero, Cienfuegos tenía una popularidad creciente que no parece haber visto con buenos ojos Fidel. En opinión de Matos, eso equivalía a una sentencia de muerte, una opinión que comparte y expresa en su libro Benigno. Vino entonces uno de los episodios más oscuros de la Revolución. El 28 de octubre, una vez detenido Huber, Camilo Cienfuegos emprendió el regreso a La Habana en un Cessna 310. No se le volvió a ver. El avión desapareció como secuestrado por un dios caprichoso: nunca se encontraron los restos, nadie recibió una llamada de ayuda antes de la desaparición. Algunos dirían que ese dios no lo era realmente. Que sólo se creía un dios.

Como es habitual en esos casos, las teorías se multiplican. Que Camilo no murió, que aprovechó para exiliarse en secreto, es una de las más comunes, más optimistas y desde luego menos creíbles. En opinión de Matos, Cienfuegos fue en realidad asesinado por órdenes de Fidel, ese dios autonombrado. Es un punto de vista que comparte otro amigo de Camilo, biógrafo suyo además, y un hombre con sus reservas respecto a la decisión de Matos: Carlos Franqui, que sin embargo apunta más claramente hacia Raúl.

Ya en el 59, dice Franqui, había una creciente disputa entre la facción comunista de la Revolución, que integraba cada vez más claramente Fidel con su hermano y el Che, y el ala del Movimiento 26 de Julio que él llama nacionalista y que integraba con Matos, entre otros. En efecto, como resintió Huber, la facción comunista permeaba cada vez más las estructuras públicas, incluida desde luego la seguridad del Estado, conforme, decíamos, a una estrategia muy soviética. El mencionado Enrique Meneses describe lúcidamente ese clima de sovietización en un libro reciente, *Fidel Castro, patria y muerte*. No es cualquier libro. Meneses subió a la Sierra Maestra en 1957 y pasó un largo tiempo junto a los Castro y el argentino, sobre todo junto a Fidel. Publicó una primera versión del libro el 66, y ya en ella hace recuento del modo en que Fidel se asienta en el poder al tiempo que los comunistas infiltran, para empezar, a los sindicatos, que se habían opuesto a ellos con vehemencia. Como Franqui, Meneses se da cuenta rápidamente de que a Fidel cada vez eran más los compañeros de ruta revolucionaria que le incomodaban, y más, en consecuencia, los cuadros comunistas que ponía a sus órdenes, aun cuando no habían participado siquiera en la lucha contra Batista. Franqui cree que era la suya una guerra sorda destinada a radicalizar la Revolución, arrimarla al campo soviético, romper con los Estados Unidos. Fidel, todavía, proclamaba en las reuniones que él no había hecho una revolución para entregársela envuelta y con moño al comunismo. La realidad es que iba ya lanzado a saltarse las elecciones, con su famoso discurso de «Elecciones, para qué». Fue en ese contexto que llegó la renuncia de Huber y, cuenta Franqui, la sesión del Consejo de Ministros en la que Fidel habló por fin, sin morderse la lengua, del sano «terror revolucionario», en contraste con el funesto terror batistiano, y Raúl pidió la pena de muerte para el sedicioso Matos. Fidel decidió no ejecutarlo sobre el argumento de que: «No haremos mártires». La renuncia le costó a Huber Matos pasar 20 años en la cárcel. A Franqui la renuncia le pareció valiente pero inoportuna, y sobre todo equivocada estratégicamente.

El arresto en que desembocó sirvió para quitar del camino a Cienfuegos.

Como Matos, Franqui opina que Camilo era un incordio para el ego de Fidel, sí, pero sobre todo, como el comunista que de ningún modo era, un obstáculo para la ejecución de los planes de la facción sovietizante. Desde la conjetura mucho antes que desde la evidencia, pero con un análisis sensato de la situación, Franqui sostiene que la avioneta fue en realidad derribada por una batería antiaérea, y el plan de derribo concebido nada menos que por Raúl.

El hecho es que Matos pasó 20 años de encierro, en una resistencia que es muy difícil no catalogar de heroica, y terminó en el exilio. Murió en 2014, muy pasados los 90 años.

Aquella vez, la de la presentación del libro, se cumplió, pues, con el ritual del «repudio»: un grupo de entusiastas de la revolución de los hermanos Castro se presenta, grita, interrumpe, usa altavoces, trata de arrebatar el micrófono, acusa a los de la mesa de traidores, de agentes del imperio, de lo que se quiera. Hay cubanos en la turba, pero también mexicanos.

La Revolución como una exportadora de linchamientos.

Los actos de repudio fueron, sí, bastante habituales en México. También en 2002, mientras trabajaba en Madrid en la edición española de *Letras Libres*, dirigida por Enrique Krauze, me enteré de que en la presentación de un número de la revista dedicado a Cuba, en la Feria Internacional del Libro de Guadalajara, irrumpió un grupo de simpatizantes del régimen castrista a sabotear el acto. Entre los saboteadores se contaba un tal Jesús Escamilla, parte de la dirección del Movimiento Mexicano de Solidaridad con Cuba y en aquel momento, ahí nomás, director de Seguridad Pública de Coyoacán, delegación que en aquellos días estaba bajo el mando de la actriz María Rojo. Escamilla aclaró que el traslado a Jalisco lo había hecho por decisión propia y de su bolsillo, no fueran a pensar que los dineros públicos habían tenido semejante destino, y acabó por presentar su renuncia luego de que María Rojo no sólo se deslindara de los prontos de su empleado —usó las palabras *vergonzoso* y *reprobable* para hablar de su comportamiento—, sino que, aunque no sin antes hacer profesión de fe castrista, de hablar de su «admiración» por el Comandante y su régimen, también dejara claro que esas no son maneras, que no puede coartarse la libertad de decir lo que se quiera, faltaba más.

La verdad es que sí se puede.

Tan cerca como el 7 de febrero de 2017 reporta el diario *14ymedio*, el que fundó Yoani Sánchez con el periodista Reinaldo Escobar, que el 28 de enero, durante la celebración del aniversario de Martí en el Círculo Cubano de México, irrumpió una horda furiosa con altoparlantes y temple revolucionario para insultar e incluso amenazar de muerte a la concurrencia: «Vamos a exterminarlos a ustedes y a todas sus familias», se dejó oír, por ejemplo.

¿Por qué la violencia? Difícil precisarlo. Pero puede haber tenido que ver que empezó a correr la especie de que a la ceremonia iba a llegar nada menos que Félix Rodríguez, luego de una nota y un artículo del cubano afincado en México Ángel Guerra Cabrera, que publicó el periódico *La Jornada*.

El escándalo, al menos en los circuitos proclives a la Revolución, era predecible. Rodríguez, conocido como el Gato, es la bestia negra de la izquierda oficialista cubana. Y es que su currículum, entre lo que se le sabe y lo que se le atribuye, es abundante. Nacido en el pueblo de Sancti Spíritus el 41, pasa la infancia en La Habana y deja el país con sus padres a los 13 años para formarse en Estados Unidos. No tarda en sumarse a la lucha contra Castro. Todavía en el bachillerato, forma parte de la Legión Anticomunista del Caribe, fundada por otro dictador, el dominicano Leónidas Trujillo, a poco de la caída de Batista, para invadir Cuba y tumbar a Fidel, que a su vez poco antes había mandado tropas, 200 efectivos, a una operación fallidísima en República Dominicana que debía derrocar al Chivo. La Legión terminó por ser capturada íntegramente en el Escambray, pero Rodríguez, con siete vidas, no había salido del cuartel. La libró.

A Dominicana sigue otro fracaso, la invasión de Bahía de Cochinos, para la que se entrenó en Guatemala como integrante de la Brigada 2506, previo reclutamiento por la CIA. Infiltrado en Cuba como enlace con la resistencia interior, tiene que escapar en un coche de la delegación diplomática española y refugiarse en Venezuela, el 61. Lo dicho: siete vidas. No ceja. Destacado en Centroamérica el 63, participa en otra operación anticastrista que no llega a nada, impulsada por el presidente Kennedy. Pero su gran oportunidad se da en el 67 y no la desperdicia. Desde el año anterior, el Che intentaba abrir un frente guerrillero en Bolivia, luego de su fracaso en la aventura africana. En respuesta, Bolivia y los Estados Unidos forman el Segundo Batallón Ranger, para operaciones de contrainsurgencia en la zona de Santa Cruz, en plena selva. El Gato queda a cargo de capacitar a la tropa boliviana, carente del menor profesionalismo, y del operativo en sí.

Rodríguez llega a La Paz con la identidad falsa de un empresario para trasladarse a la zona de combate. Lo que viene después se confunde entre las varias versiones disponibles, todas borrosas. Algunos prisioneros, entre ellos quizá, destacadamente, el francés Régis Debray, que años después sería un notable intelectual y asesor del presidente François Mitterrand, terminan por delatar la presencia de Guevara, que deambula con su ejército de desharrapados cerca de la zona de La Higuera. Rodríguez manda a los *rangers* hasta allá, con éxito: el Che cae preso. Enseguida, interroga a su enemigo, fotografía los documentos que cargaba, incluido el *Diario de Bolivia*, y comunica a la tropa las instrucciones del presidente: dispararle, pero debajo del rostro para simular que cayó en combate. El ejecutor, un tal Mario Terán, soldado boliviano, se encuentra al guerrillero sentado en un banco. El hombre que había ejecutado o mandado ejecutar a tantos, el que según las crónicas de la Sierra Maestra se lanzaba de frente a las balas con una imprudencia en verdad llamativa, le dice sin inmutarse: «Usted ha venido a matarme», para añadir: «¡Póngase sereno y apunte bien! ¡Va a matar a un hombre!». Terán, que alguna vez ratificó esta historia, por otro lado muy de libro de texto o incluso de telenovela, muy de historia de bronce, no niega que su enemigo lo cohibió, que lo vio grande, con una mirada incandescente. Pero disparó dos ráfagas y acabó con el Che, trasladado después en helicóptero para ser expuesto públicamente durante un par de días y luego enterrado en esa tumba clandestina.

No es del todo inverosímil lo que se cuenta de los últimos momentos de Guevara. Ideologías al margen, el Che fue un adicto a la sangre y a la adrenalina. Le gustaba hablar del «momento luminoso de la batalla», con una —otra— buena dosis de cursilería, y en alguna carta a Hilda Gadea, su primera esposa, habla de sí mismo «en la selva cubana, vivo y sediento de sangre». De mal guionista de telenovelas, sí. Abundan los testimonios de cómo en alguna ocasión, mientras los guerrilleros se desperdigaban aterrorizados en un tiroteo, Fidel entre ellos, el Che se detenía teatralmente en medio de las balas a recoger los pertrechos de sus compañeros. Años después, un editorial del periódico *El País* decía que quien está dispuesto a sacrificar la propia vida, normalmente está dispuesto también a sacrificar la de los demás. El editorial hablaba del guerrillero, que en efecto ejecutó a quienes consideraba sus enemigos y trató con una dureza extrema a muchos de sus compañeros de batalla, con un odio obsesivo por los «cobardes». El Che, que confundió muchas cosas, confundió la psicopatía con el valor, el narcisismo con el amor por los pobres.

La carrera de Félix Rodríguez no se detiene ahí. Pasa por la Guerra de Vietnam y tiene una dudosísima participación en el escándalo Irán-Contra, durante los años de George Bush padre. En terrenos incluso menos claros, la cadena Fox News y luego la revista *Proceso* lo señalaron como el verdadero ejecutor del agente de la DEA Enrique «Kiki» Camarena, un asesinato atribuido comúnmente a los narcotraficantes Rafael Caro Quintero y Ernesto Fonseca, cometido el año 85. La historia, muy en corto, sería más o menos así: Camarena descubrió que la Agencia usaba el dinero del narco para financiar las operaciones de la Contra nicaragüense y hubo que silenciarlo. Luego culparon a los líderes del Cártel de Jalisco, mediante el argumento hábilmente pergeñado de que todo era un ajuste de cuentas contra el hombre que los había infiltrado. ¿Una más de las versiones complotistas de la realidad mexicana? Es probable. Aunque —para alimentar la credulidad de los amables lectores— habrá que recordar que esta versión se debe a Phil Jordan, exdirector del Centro de Inteligencia de El Paso; Héctor Berrellez, exagente de la DEA, y Tosh Plumlee, antiguo piloto contratado por agencias federales norteamericanas.

Ese fue el hombre que, según *La Jornada*, iba a presentarse en el homenaje a Martí. No se le vio, pero el repudio siguió como si ahí estuviera. A lo mejor les preocupaba a los repudiantes que se hallara escondido entre la multitud, con esas habilidades de espía que se le presumen.

A la Revolución se le podrá regatear lo que se quiera, pero nunca sus logros educativos. Eso se dice, y quienes lo sostienen lo hacen con cifras siempre aparatosas en las manos. Cifras, con mucha frecuencia, relacionadas con la alfabetización.

El año 61, el gobierno revolucionario dio las cifras de analfabetismo en Cuba: casi 800 000 personas, en una población que sumaba entonces unos siete millones de habitantes. La mayor parte de esos cubanos que no sabían leer ni escribir se concentraban en las zonas montañosas del oriente y el centro.

Cuba, en realidad, tenía desde tiempos de Batista una de las tasas de alfabetización más altas de América Latina. Pero, en efecto, faltaba trabajo por hacer en esos terrenos. ¿Qué vino entonces? Una de esas movilizaciones que tanto gustaban a Fidel Castro. Si para la famosa zafra de los 10 millones de toneladas del año setenta básicamente decidió paralizar al país y mandar al campo a estudiantes, profesionistas, burócratas y militares sin ninguna experiencia en las actividades agrícolas —lo que en parte al menos explica que la zafra acabara siendo de unos ocho millones—, para la campaña de alfabetización mandó al cerro a unos 300 000 brigadistas alfabetizadores, o sea, uno por cada dos y pico analfabetas. Un año después, durante la concentración de esos brigadistas en la Plaza de la Revolución, Fidel Castro dijo que Cuba era un «territorio libre de analfabetismo». En realidad, quedaron por alfabetizar unas 270 000 personas, o sea 3.9% de la población. Eso, siempre que se otorgue credibilidad a los datos del gobierno.

Y es que una de las peculiaridades de la educación cubana es una de las peculiaridades de tantas cosas que pasan en Cuba, un país siempre blindado al escrutinio foráneo: los datos disponibles los ofrece el gobierno, que difícilmente se dará un tiro en el pie, en caso de que no le sean convenientes en términos propagandísticos.

Como sea, hay muchos otros matices en torno al asunto de la educación en Cuba. Salgo del departamento en Miramar para enfrentarme un día más a La Habana. Pregunto de nuevo si hace falta comprar algo para la casa. Me dice mi anfitriona que Mi dejó una lista. «Servesas», leo en ese papel con letra titubeante y confirmo que el consumo de chelas es elevado en casa, pero sobre todo, claro, me sorprendo por el uso de la triple S. Mi, decía, fue maestra de escuela. Más allá del salario miserable, ¿qué tan capacitados están realmente los profesores cubanos? Difícil saberlo. Hay cifras elocuentes, al margen de las oficiales. Como las de la Unesco, que en 2009 situaban a

Cuba a la cabeza de América Latina en varias asignaturas, matemáticas para empezar, en tercer y sexto grado. Otras no son tan alentadoras. La crisis, dicho en una palabra, ha terminado por pegarle a la educación cubana.

Pero hay un tema que puede arrojar luz sobre la realidad educativa del país, y es el que constituye la otra gran herramienta propagandística del castrismo: la medicina.

Cuba, es sabido, hace esfuerzos denodados por exportar médicos, que ha producido como si se tratara de panes o salchichas. Son esos mismos médicos que llegaron en oleadas a Venezuela cuando el chavismo, en tiempos felices, empezó a mandar petróleo a la isla a cambio de ese tipo de colaboración solidaria, por llamarla de algún modo. Pero no todos los países han podido darse ese lujo... Por llamarlo de algún modo. En Brasil, la presidenta Dilma Rousseff, conocida por sus simpatías castristas, intentó contratar masivamente a médicos cubanos. Pero Brasil no es Venezuela, donde las cosas se decidían y deciden con un solo criterio, el del Comandante en Jefe, y un dato abrumador cayó encima de ese proyecto: de los brasileños que iban a graduarse en Medicina a Cuba, 95% reprobaba el examen de reválida al regresar a su país. Chile, que contempló también llevar médicos de la isla al país, enfrentó asimismo resultados muy poco alentadores: según la Asociación de Facultades de Medicina, de los 700 y pico profesionales graduados en Cuba que había en el país, sólo 23.5% logró aprobar en primera instancia el Examen Único Nacional de Conocimientos de Medicina. Un 12% extra logró hacerlo en la segunda vuelta.

Aunque tal vez no haga falta limitar la discusión a criterios académicos. ¿Puede considerarse un modelo de éxito educativo a un país en el que hay tales restricciones para acceder a internet, donde se produce semejante exilio cultural, donde estuvieron prohibidos la música y gran parte de la literatura y la filosofía y el cine y el teatro de Occidente y donde el acceso a los libros es reducidísimo desde hace mucho? Incluso si se dan por buenos los datos de la alfabetización otorgados por el régimen, ¿pueden equipararse educación y alfabetización?

Lo que desde luego no puede regateársele a la Revolución cubana, o a lo que hizo con la Revolución cubana el cónclave castro-guevarista, es una de las grandes virtudes de todas las revoluciones socialistas de los siglos XX y XXI: el cacareo. Anunciar que se puso un huevo. Y nadie supo anunciar que había puesto un huevo como Fidel Castro, aunque el huevo al final se lo comiera él, o estuviera podrido, o se lo hubiera regalado otra gallina. No hay una sola dictadura del signo que se quiera que no pueda esgrimir datos apabullantes, desde el llamado milagro económico del Chile de Pinochet, un militarote represivo y corrupto al que sin embargo acompañaron hasta el cementerio unas 60 000 personas, hasta ese no mal amigo de Fidel que fue Franco, otro que liberó la economía no sin rechinar los dientes, hasta uno que se rodeó de comunistas para ejercer el poder. Fulgencio Batista, se llamaba. La Cuba del golpista que sería derrocado por los barbones tiene, conocidamente, una vaca por habitante, y era el tercer consumidor de carne de res de América Latina: la competencia de Uruguay y de Argentina es fuerte. Tiene también la segunda tasa de analfabetismo de América Latina, y la segunda más baja de mortalidad infantil. Dicho sea de paso, también es el país latinoamericano con más médicos y el que tiene más casas con luz eléctrica, arriba de 82%.

Pero Batista, que instauró una autocracia inadmisible, que por supuesto tampoco fue ajeno a la represión, que ciertamente generalizó, igual que sus sucesores, la corrupción y que transigió con las mafias extranjeras como los heroicos revolucionarios que lo mandaron al exilio, no cacareaba bien.

Fidel Castro puede haber sido el macho alfa entre machos alfa, pero como gallina fue un verdadero virtuoso.

M y yo cumplimos con el ritual de observar el mar con el café de la mañana y hablar del país. Una vez más, no se muerde la lengua. Mi anfitriona pasa a revisión ginecológica. El médico es buen amigo suyo, y le sugiere que se ponga un dispositivo intrauterino. Por esos caprichos de la importación y distribución centralizada de productos, acaba de llegar una remesa de dispositivos de buena calidad. Dos hijas después, tal vez sea momento de apelar a ese método anticonceptivo.

A M le fastidia la obligación de las revisiones médicas pero acepta, y se compromete a volver con toda puntualidad para su siguiente revisión. Esa siguiente vez, sin embargo, el médico amigo está de vacaciones y la atiende una mujer que llega con resultados inquietantes en la boca: «Tienes una infección. Tengo que sacarte el dispositivo». A la siguiente revisión, su amigo, ya de vuelta, le pregunta que dónde está el DIU. Que por qué le dijo la doctora que tenía que removerlo, y que dónde lo tenía. La conclusión es de susto: no tenía infección alguna, y en todo caso la doctora tendría que habérselo devuelto. Lo sacó para venderlo. Hay un mercado negro de esas cosas en Cuba.

«Aquí todos somos delincuentes», me dice M. «El sistema está diseñado para violar la ley». Evidentemente, no habla nada más de la medicina pública.

¿Es para sorprenderse lo del mercado negro? En *Sicko*, un documental estrenado en 2007, el cineasta Michael Moore intenta hacernos creer que puede juntar a un grupo de voluntarios gringos de los que participaron en las labores de rescate tras los atentados del 11 de septiembre, subirlos a un bote, ir a Guantánamo para exigir que les den el mismo trato médico que reciben ahí los reclusos, comprobar que es imposible que eso suceda, virar hacia suelo cubano, levantar las manos a manera de saludo para que la guardia costera isleña se acerque a recibirlos amablemente, entrar al país y lograr que esos ciudadanos obtengan en el paraíso socialista los servicios médicos que les regatearon mezquinamente las aseguradoras de su país.

Al margen de la estupidez de la premisa, y de su carga chantajista, que Moore medio intenta enmascarar con el argumento de que quiere hacer una comedia, el documental esconde convenientemente una realidad que conoce cualquiera que se haya acercado un mínimo a la realidad cubana: que en la tierra socialista de los servicios médicos para todos también hay tonos de gris.

Está por un lado la tendencia a mandar a los médicos más calificados a misiones internacionales de prestigio, como los 160 que fueron a África a luchar contra el ébola, mientras que en la isla se quedan estudiantes que no han terminado de graduarse o médicos de una muy dudosa capacitación. Pero incluso dentro de la isla hay tonos de gris y, otra vez, no a todos les tocan los grises claros.

Hay una medicina para enfermos VIP. La *nomenklatura* disfruta de hospitales bien equipados, como los turistas que pagan en dólares por el servicio. Es también la medicina que le toca a los amigos del régimen, caso del futbolista Diego Armando Maradona. En 2000, el Pelusa llegó a la isla con un agravamiento muy serio de un problema del que ya se hablaba en sus días como estrella del Nápoles, en los años ochenta: la adicción a la cocaína. En Cuba fue internado en la clínica La Pradera, pero si el diario deportivo *Récord* está en lo cierto, la firmeza del régimen castrista no alcanzó al «10». *Récord* consiguió un video en el que, entre otros momentos no menos difíciles de ver desde un punto de vista rigurosamente estético, el futbolista, con un sobrepeso inocultable, se pasea desnudo enfrente de una serie de amigos justo antes de reclinarse sobre un plato, con algún tubo insertado en la nariz, a inhalar golosamente, tal vez como una inyección de combustible para la estampa que vemos a continuación: la de Adonay Fruto, su amor cubano, encaramada, desnuda, en él. Maradona volvió a Cuba en 2004 por las mismas razones, tras estar internado en un psiquiátrico de su país. Esa vez, el centro de rehabilitación parece haberle salvado la vida.

Pero el más famoso de los pacientes foráneos fue por supuesto Hugo Chávez, el jefe de los destinos de la República Bolivariana de Venezuela, que decidió tratarse ahí el cáncer agresivísimo que terminó por quitarle la vida. Muchos se preguntan si Chávez podría haberla librado si hubiera optado por tratarse, digamos, en los Estados Unidos. Imposible saberlo. Eso, y unos cuantos aspectos más de aquella historia.

Las penurias oncológicas del teniente coronel, como tantas cosas en los ámbitos de poder, y más en los ámbitos de poder de línea autocrática, son difíciles de seguir. Empezaron en 2011 con una inflamación de rodilla y se alargaron hasta 2013, cuando se anunció por fin su muerte. Fue operado cuatro veces, hasta donde se sabe, y cada una de esas veces los comunicados oficiales hablaron de su perfecta recuperación, de que estaba listo para cumplir con sus deberes con la patria y el socialismo. El 27 de febrero de 2013, el embajador panameño ante la OEA, Guillermo Cochez, dijo que Chávez en realidad tenía muerte cerebral desde diciembre del año anterior, y que su desaparición pública, y el secretismo en torno a ella, tan bien narrado por el novelista Alberto Barrera Tyszka en *Patria o muerte*, fue en realidad un engaño al pueblo venezolano. Por fin, el 5 de marzo se anunció oficialmente la muerte del caudillo, en un hospital militar caraqueño al que llegó luego de su enésima visita al Centro de Investigaciones Médico Quirúrgicas de La Habana, ese en donde dicen que estaba guardada la cocaína colombiana en días del Periodo Especial.

Bien o mal tratado, Chávez tuvo comodidades, ropa de cama limpia, medicinas, enfermería, médicos a su disposición. Las clínicas que visitan los cubanos de a pie son otra historia. A la carencia crónica de medicamentos, incluso muchos de los más elementales, se suma la necesidad de llevar tu propia ropa de cama, por ejemplo, más la descompostura de los pocos aparatos disponibles, y la lista sigue.

Se suma eso, y lo que puede interpretarse como un «lo que sea su voluntad». Hoy, si eres cubano y tienes la mala suerte o el mal gusto de enfermarte, probablemente, si sobrevives, te topes con el hecho inédito de que el médico te ponga enfrente, a la salida, una «factura de cortesía», valga el oxímoron. No es que estés formalmente obligado a pagarla, no. Pero deberías, según el extraño viraje que ha tomado el socialismo en la isla, ese socialismo que dice garantizar la atención médica gratuita para todos. Hay en estos días toda una campaña de «toma de conciencia» del Ministerio de Salud Pública. Gira en torno al eslogan «Los servicios de salud son gratis pero cuestan», un eslogan que delata ya la idea de que los servicios médicos que son gratis pero cuestan no le cuestan al cubano medio, al contribuyente, sino al amable régimen que los provee. Ha de ser que el cubano medio no es lo bastante agradecido.

Una de las herramientas propagandísticas que más hábilmente ha sabido usar el *establishment* castrista desde su fundación es el de la *cultura*, un término siempre esquivo y siempre útil. En efecto, Fidel, mucho más que Raúl, fue siempre capaz de convivir con los estamentos culturales, los cubanos y los foráneos, a los que a menudo supo seducir, aunque normalmente esas relaciones acabaron como todas sus relaciones: con la ruptura y a veces, cuando pudo y quiso, con la represalia.

En los años ochenta y noventa era común ver al Comandante en Jefe en persona, sentado a la mesa, en sesión de trabajo con los programadores del Festival de Cine de La Habana. La imagen es reveladora y congruente. En efecto, no fue Fidel un dictador analfabeta, lejos de ello. Aunque en realidad no hubo ámbito en el que evitara meter las manos, fue un lector nada desdeñable, para empezar y sin ironías, de Maquiavelo, y un interlocutor asiduo de varios escritores. Gabriel García Márquez fue, por supuesto, el más conocido y el más duradero, aunque tampoco hay que olvidar al peruano Alfredo Bryce Echenique, que en sus *Antimemorias* narra la vez que vio salir de entre las olas a Fidel y descubrió que sí, que existía alguien con las piernas más flacas que él. Hay por ahí alguna foto que le da la razón.

Uno de los primeros golpes propagandísticos de la Revolución castrista fue la visita de Simone de Beauvoir y Jean-Paul Sartre, estrellas entre las estrellas de la intelectualidad planetaria. El responsable de la visita fue, otra vez, Carlos Franqui, que llegó a París en octubre del 59 con un arma de seducción que resultó eficaz: la posibilidad de conocer de primera mano una revolución nueva y que todavía, pese a la avanzada del sector comunista, podía calificar de heterodoxa. O dar el gatazo al menos. Y vaya que lo dio.

Franqui dirigía por entonces el diario *Revolución*, al que no le quedaban muchos años por delante. Fue, en efecto, un periódico difícil de clasificar. Nacido en la clandestinidad en 1956, empezó a imprimirse de manera formal el 59. Franqui cuenta que los Castro y el Che optaron, en principio, por ignorarlo: ni una entrevista, ni una visita a la redacción. La callada por respuesta a un pluralismo que simplemente no les entraba en la cabeza. Decíamos que el director del suplemento cultural, *Lunes de Revolución*, era otra primera espada de la literatura cubana, Guillermo Cabrera Infante, quien contribuyó a que por sus páginas pasaran todos los escritores cubanos de importancia, desde la izquierda hasta el centro y el nacionalismo revolucionario, o sea desde Nicolás Guillén, ese rumboso comisario político —acero estalinista en camisa floreada—, hasta Virgilio Piñera, por mencionar dos casos. Dice Franqui que era un reflejo de la pluralidad del Movimiento 26 de Julio, y todo sugiere que es cierto. El año 63 Franqui se fue como corresponsal a Europa y Fidel nombró director a uno de sus pretorianos, Enrique de la Osa. El periódico desapareció el 65.

El 59, sin embargo, periódico y viaje parecen haberle resultado atractivos a Beauvoir y a Sartre, que efectivamente visitaron la isla. Y Sartre, con la isla, encontró el éxtasis revolucionario. Franqui veía al filósofo francés como un heterodoxo. Terminó por entender que en la izquierda, con demasiada frecuencia, un heterodoxo no es más que un conservador a la espera de un caudillo. Sartre lo encontró en Fidel. Su viaje a La Habana fue un baño de pueblo. Las multitudes lo ovacionaron, y Castro lo paseó con esa habilidad para el turismo revolucionario y los golpes mediáticos. Cuba era entonces su gran aldea Potemkin. Me refiero a una versión macro de esos pueblos falsos, literalmente montajes o escenografías, hechos a medida, en apariencia prósperos y libres, que eran en realidad construcciones propagandísticas para confirmar en su fe a los visitantes de la Unión Soviética que realmente se desangraba en la «colectivización» del campo y la industria, totalmente detenidos. Era su «parque temático», en palabras de Zoé Valdés. Había aún ese año 60 un aire de fiesta revolucionaria en Cuba, como dice Franqui, pese a que ya estaba en la cárcel gente como Matos, y el Che se había dado vuelo con las ejecuciones en La Cabaña. Había también una cierta capacidad para aparentar solidez económica y productiva, aunque en realidad la Revolución vivía de los remanentes de años pasados. Luego de conversar durante horas con él, de pasearse, de conocer al Che, Sartre, el hombre de las grandes profundidades filosóficas, le compró a Castro el paquete ideológico enterito: la «democracia directa», es decir la democracia de mano alzada en la plaza pública y falso diálogo con las masas. De su admiración queda testimonio en la serie de artículos que le dedicó en *France-Soir*, bajo el nombre de suyo revelador de *Huracán sobre el azúcar*.

La distancia vendría años después, cuando el régimen represalia al poeta Heberto Padilla y Vargas Llosa circula la famosa carta de protesta que firman los «Cien intelectuales». Fue la primera gran ruptura del gremio con Castro. No sería la última. Dicho sea de paso, Sartre acabó por tener también algunas palabras sobre la represión contra los homosexuales en el castrismo. Al menos así lo cuenta Heberto Padilla en *Conducta impropia*. Dijo el filósofo que como Cuba no tiene muchos judíos, tuvo que echar mano de los homosexuales. Otra analogía con el nazismo, sí.

Fidel tuvo y tiene sus fieles, en la primera —cada vez menos—, la segunda y la tercera división de las castas intelectuales. Sintomáticamente, provocaron su proyecto utópico, pero también él en lo concretito, en carne y hueso, como figura providencial, numerosas ambigüedades y conductas muchas veces marcadas por el interés, pero otras tantas de una naturaleza casi diríamos adictiva.

Sobre todo a partir del esperpento de Heberto Padilla, novelistas, poetas, analistas políticos, periodistas, cineastas, artistas visuales y lo que se quiera empezaron a caerse del árbol revolucionario como frutas maduras. No había manera de mantenerse al lado de una tiranía cada vez más aireada en sus crueldades por escritores a los que era crecientemente más difícil barrer de la mesa con un adjetivo como *gusano*, o *reaccionario*, o *proyanqui*. Primero, decíamos, fueron las castas intelectuales y artísticas, como es frecuente en los fenómenos autoritarios. Los Arenas, Sarduy, Cabrera Infante, etc. Pero a ellos se fueron sumando incluso figuras curtidas en la lucha, figuras políticas y sociales. Ese fue el caso de Huber Matos, de Masetti y de Dariel Alarcón, el referido Beningno.

La complicidad intelectual más duradera y relevante que tuvo Fidel fue, por supuesto, la de Gabriel García Márquez. El Gabo, como se le conoce, fue fundador y primerísima figura de la llamada generación del Boom, un fenómeno literario del que nacieron (o quedaron confirmadas en esa categoría) varias estrellas de la literatura latinoamericana, que en efecto con ellos logró proyectarse a Europa y los Estados Unidos, un fenómeno inédito. Carlos Fuentes desde México, Mario Vargas

Llosa desde el Perú, José Donoso desde Chile y el Gabo desde Colombia dieron varios campanazos internacionales, desde *La región más transparente* hasta *La ciudad y los perros*, o por supuesto *Cien años de soledad*, y lograron arrastrar en su cauda a figuras incluso mayores (en edad) que ellos, caso del guatemalteco Miguel Ángel Asturias o de Julio Cortázar, y luego del más joven Cabrera Infante. Habrá que añadir que lo hicieron, en medida importante, desde Cuba. Dice Xavi Ayén, en *Aquellos años del boom*, que semejante explosión literaria y editorial fue posible, en gran medida, porque se proyectó desde la tierra de la Revolución con mayúsculas, desde la Cuba roja y rebelde, que estaba de moda en todo el mundo. Y tiene razón, aunque, claro, la ayuda fue de ida y vuelta.

Todos los autores del Boom pasaron por Cuba, se solidarizaron con la Revolución en algún punto, escribieron sobre ella y desde luego dieron de manera espontánea y generosa su trabajo en publicaciones, talleres, concursos. Varios de ellos terminaron por desencantarse, entrar en conflicto con el régimen castrista y escribir o firmar textos profundamente críticos con la utopía isleña. El más duro ha sido definitivamente Vargas Llosa, un liberal de cepa que fue, además, el responsable de la carta surgida por el caso Padilla, una carta que realmente fueron dos. Padilla ganó en 1968 el Premio Casa de las Américas de poesía por *Fuera de juego*. Y nada más ganarlo se metió en un berenjenal entre ideológico y burocrático. El presidente del jurado, Nicolás Guillén, poetísimo del castrismo, aquel estalinista rumboso de que hablaba, condenó el libro por contrarrevolucionario, y este fue publicado, sí, pero con un prólogo de lo más virulento de las autoridades culturales. El final del camino para Padilla fue la cárcel. O no. El poeta salió libre, pero sólo después de escribir una carta de autocrítica de 4 000 palabras, que no son pocas, en la que elogiaba al aparato de seguridad, que según dice ahí eran chicos del todo ajenos a la intimidación y habían basado su método de transformación del poeta díscolo en la persuasión más sesuda y paciente. Nada de torturas, amenazas, chantajes. También se califica de contrarrevolucionario y, ya que estamos, le da varios raspones a algún compañero de oficio, caso de Norberto Fuentes.

El escándalo no se hizo esperar. Vargas Llosa, en Barcelona, llama a varios escritores de más que considerable prestigio —entre ellos, Hans Magnus Enzensberger, Juan Goytisolo y Jaime Gil de Biedma— para redactar una primera carta que sale antes del *mea culpa* inducido de Padilla, que está dirigida a Fidel Castro y que firman los mencionados 100 intelectuales, entre ellos Sartre, Simone de Beauvoir, Marguerite Duras, Alberto Moravia, Octavio Paz... Y Julio Cortázar y el Gabo. En llamas, Fidel acepta liberar a Padilla autoinculpación mediante, lo que enciende todavía un poco más los ánimos de esos intelectuales. *Casi* a los mismos. La segunda carta, abierta, pública: la del escándalo, pues, suma a Nathalie Sarraute y Susan Sontag, pero ya no incluye a Cortázar ni a García Márquez. ¿Qué pasó? García Márquez aclaró que la primera vez «lo firmaron», cosa que parece cierta. Cortázar se negó a hacerlo. El argumento de ambos: que como «amigos de Fidel» podían ayudar a muchos represaliados a librar la prisión, los maltratos y hasta la muerte. Es cierto. Cortázar intervino en favor de Reinaldo Arenas, por ejemplo, y el Gabo supo echarle la mano al propio Padilla, cuando abandonó el país para morir alcoholizado en el exilio, y a Norberto Fuentes.

Aun así, es imposible no entender que en ese momento, de manera importante, se confirmó o reforzó la amistad para toda la vida, el vínculo complejísimo entre el Gabo y el Caballo, entre el escritor y el caudillo.

Desentrañar todos los misterios de ese vínculo es imposible, sobra decirlo: todo vínculo *es* un misterio, y el que se sostiene durante décadas con el dictador más perdurable y más paranoico de América Latina, un misterio envuelto en un enigma, y traducido a un lenguaje cifrado.

Tal vez sea más fácil entender los motivos de García Márquez. Los estudió lúcidamente Enrique Krauze, por dos vías que conoce bien: la de la lectura y la del ejercicio biográfico. En ese espléndido ensayo que se llama «García Márquez, el romance con el poder», y sobre todo en su versión más extendida, «La sombra del patriarca», recuerda el historiador casi para abrir fuego una frase estremecedora del novelista colombiano: «Todo dictador, desde Creón en adelante, es una víctima». Ese tipo de comprensión ambigua, escurridiza, coqueta, seducida por mucho que pretenda disimularlo, es sin duda la que atraviesa su gran novela de dictadores, *El otoño del patriarca*, del año 75, que a diferencia de ejercicios como *La fiesta del Chivo*, creada por su antiguo amigo Vargas Llosa en el acto de novelar la vida de Leónidas Trujillo, prefiere ceder, si hay que hacerlo, a la seducción antes que al horror. No es otra la manera en que se acerca García Márquez a los grandes caudillos de su obra novelada, por ejemplo Simón Bolívar en *El general en su laberinto* o Aureliano Buendía en *Cien años de soledad*. Tampoco es otra en su obra periodística, abundantísima en loas, justificaciones y maquiavelismos destinados a reivindicar la figura del hombre fuerte, de la figura providencial. El Gabo cronista tiene homenajes a Stalin, a János Kádár, o sea el artífice de la represión de los levantamientos húngaros contra la tiranía soviética, y a Omar Torrijos, el supremo líder panameño, que terminó por hacerse su amigo. Y esa es la historia de su vínculo con Fidel: al final, cuando hubo que ceder, cedió siempre a la seducción.

Lo hizo, primero, por escrito. Durante el 75, tras una estancia en la isla, publicó tres textos englobados bajo el título «Cuba de cabo a rabo». Y sí, retrata a Cuba de cabo a rabo, siempre y cuando Cuba pueda resumirse en la figura de Fidel Castro, como le gustaba pensar al dictador. Son varios los elogios que dedica Gabo a Fidel, aunque el más famoso es sin duda el de que tiene un sistema de comunicación «casi telepática» con la gente. Así y todo, García Márquez tardó en conocer personalmente al Comandante en Jefe.

El futuro Nobel llegó a La Habana a poco del triunfo revolucionario, el 18 de enero del 59, invitado por el Movimiento 26 de Julio, con su amigo, paisano, colega y futuro anticastrista Plinio Apuleyo Mendoza, pero ya antes había entrevistado a Emma Castro, hermana del barbón mayor, que se prodigó en elogios a su hermano. A Mendoza y a García Márquez los convocaba la llamada Operación Verdad, los juicios contra los presuntos criminales de guerra del batistato, y es justo decir que al final ambos firmaron una petición para que se revisara uno de los juicios y se evitara la pena de muerte del sentenciado. Luego, el Gabo coincidió con el Comandante en el aeropuerto de Camagüey, pero no pasaron de un brevísimo intercambio de cortesías: Fidel, cuenta Ayén, trinaba porque no servían pollo en el aeropuerto. Luego, el Gabo publicará tres perlas periodísticas a mayor gloria de la Revolución encarnada en el barbudo. Pero Fidel no le daba su atención a cualquiera así, a botepronto. García Márquez volvió a Cuba al año próximo y se dispuso, paciente, a esperar la llamada. Tardó un mes, durante el que durmió en el Hotel Nacional. Nunca más se separaron, ni en las situaciones más comprometedoras.

Van dos casos.

Cedió García Márquez sin duda a la seducción cuando el dictador decidió fusilar a Ochoa y De la Guardia. Ileana, la hija de Tony, decidió pedir su mediación. Se entiende: ya dije que fue famoso por interceder ante Fidel en diferentes ocasiones, para salvar a la disidencia de la muerte o el presidio y la tortura. Tenía además el futuro Nobel razones personales para hacerlo en esa ocasión. Tony era un amigo cercano del Gabo, quien incluso le dedicó *El general en su laberinto* y al que regaló alguna de esas pinturas que prodigaba en sus ratos libres. Andrés Oppenheimer narra una conversación de Fidel con el escritor en el que este intenta convencerlo de que no dispusiera las ejecuciones, de que hacerlo le valdría ser señalado en todas partes por ellas. De nada sirvió. Cuando Ileana y su marido, Jorge Masetti, llegaron a pedirle que hiciera algo, intentó tranquilizarlos, les dijo que Fidel jamás caería en la locura de ordenar esas muertes, insistió en que no apelaran a organizaciones pro derechos humanos. Se fue de la isla antes de los fusilamientos, pero asistió a una parte del juicio con Fidel y Raúl. Luego, calló. Su epitafio podría ser: «Fue igual de hábil con las palabras que con los silencios».

Susan Sontag le hizo una reclamación por motivos similares durante una feria del libro en Bogotá, como recuerda bien Krauze. García Márquez no levantó la mano para ayudar a los 78 disidentes encarcelados en 2003 en una serie de juicios grotescos. Su argumento, a río pasado, fue otra vez que desde el «absoluto silencio» había ayudado a cualquier cantidad de disidentes a salir de la cárcel o tomar la vía del exilio. No a esos, que podamos comprobar. Entre los enjuiciados estaban unos cuantos colegas suyos, como Raúl Rivero, periodista, poeta, liberado un año y pico después por las presiones internacionales. O como Pedro Argüelles, también periodista, que pasó en la cárcel los siguientes siete años, hasta 2011.

La Revolución como una fábrica de mudos.

¿De dónde viene esa lealtad añosa, pertinaz, aferrada? Tiene sus raíces biográficas, con toda probabilidad. Las tiene en el abuelo de García Márquez, Nicolás Márquez, coronel en la Guerra de los Mil Días en el bando del caudillo liberal Rafael Uribe Uribe, una guerra devastadora, entre liberales y conservadores fundamentalmente, que terminó en 1902 con unos 100 000 muertos. Con ese abuelo Gabriel pasaría una parte fundamental de la infancia. Nicolás, en el que se inspira la figura de Aureliano Buendía de *Cien años de soledad*, fue para su nieto un contador incansable de historias. También, un hombre marcado, primero que nada, por la muerte, luego de que matara a otro, más joven, en un supuesto duelo que al final parece haber

sido un asesinato trapero, lo que no le restó dimensiones he-
roicas frente al nieto. Y marcado también por el nacionalismo
antiyanqui, particularmente luego de la matanza de trabajadores perpetrada por la United Fruit Company el año 28.

La fe antiyanqui y sobre todo la infatuación con los caudillos queda patente en la obra del Gabo, la periodística como la
de narrativa ficcionalizada.

Pero en realidad, García Márquez fue casi la única gran
figura que resistió al lado de Fidel hasta el final. Gradualmen-
te, de la utopía castrista se han deslindado todas las figuras de
relieve, y a cambio han ido quedando fanáticos y oportunistas,
no siempre fáciles de distinguir unos de otros.

Caso del versátil Ignacio Ramonet. Gallego del 43 crecido en
Tánger, estudió en París, donde vive y enseña, en la Sorbona. Y
edita: dirige *Le Monde Diplomatique* en español. Y se dedica al
activismo, como presidente de Media Watch Global, una organización que escanea los medios capitalistas con revolucionario
escepticismo. Y escribe, claro. Sobre todo, escribe y transcribe. Tiene Ramonet una obra extensa, que transita de *Marcos, la
dignidad rebelde* a *Hugo Chávez. Mi primera vida*, pero que
tiene su estación más conocida en *Fidel Castro: biografía a dos
voces*, también llamada *Cien horas con Fidel*, publicada en 2006.

No es recatado con los elogios, el camarada Ramonet. Cuenta que la idea del libro surgió en 2002, durante la Feria del Libro de La Habana, cuando Fidel se le acercó para presentarle a
Joseph Stiglitz, el Nobel gringo de Economía, del que aseguró
el caudillo que era más radical que él. Pero el que dominó la
plática informal fue el barbón mismo, que, cuenta nuestro autor, los tenía a él y al Nobel, vamos: babeando. En éxtasis. Y le
pareció a Ramonet que los más jóvenes merecían tanto saber,
tanta inteligencia, como «víctimas inconscientes» de la «constan-
te propaganda contra Cuba», que al parecer, en su opinión, tam-

bién se resume en la figura del dictador. Y se lanzó. Se puso a platicar con Fidel, en una «biografía a dos voces», para que su legado no se perdiera como lágrimas en la lluvia.

Tiene razón Ramonet cuando dice que el Comandante no se prodigaba en entrevistas. Dio cuatro antes de la suya: dos con el italiano Gianni Minà, una con el teólogo brasileño Frei Betto y una más con Tomás Borge, escritor y político de recias convicciones sandinistas. ¿Cuál es el denominador común a todas ellas? La admiración por el Comandante, claro. La completa ausencia de talante crítico. La nula voluntad de hacer cuestionamientos. Como la de Ramonet, que se deja ir en el prólogo cuando habla del Comandante en Jefe así: «Movido por la compasión humanitaria y la solidaridad internacionalista, su ambición, mil veces repetida, es sembrar salud y saber, medicina y educación, por todo el planeta». *Ai nomás*. El libro es un largo interrogatorio que cumple con lo que promete sin prometer en el prólogo, de una obsecuencia en verdad notable: Ramonet pone los pases, Fidel remata a portería. ¿Los juicios contra los batistianos luego de la Revolución, que tantas críticas merecieron en tantos medios por su carácter expeditivo, por el apoyo en el coro popular, por su cariz, pues, vengativo y de cara a la galería, como un espectáculo grotesco y cruel? Un medio para evitar linchamientos, porque el pueblo estaba furioso, y una versión cubanizada ¡de los juicios de Núremberg! Así se nos informa en boca de su perpetrador, incontestado.

¿Las UMAP y la represión contra los homosexuales? Por un lado, la situación de crisis bélica exigía un ejército listo y preparado de extracción popular. Por otro, prevalecía el machismo en las fuerzas armadas. ¿Cómo evitar que se considerara a los homosexuales, irreclutables dado el contexto de prejuicio, injustamente exentos de cumplir con la patria, con los sacrificios que eso implica? Pues con las Unidades. Otra vez: era por su bien. Luego hubo «distorsiones». Pero «apenas duraron tres años». Apenas.

¿El caso de Arnaldo Ochoa? Ningún cariz político. Se le encontró a un lugarteniente suyo una tarjeta de un hotel en Medellín, se le interrogó y dejó saber que Ochoa le había dado instrucciones de hablar con Escobar Gaviria. Luego, a jalar del hilo. Todo fue un asunto de drogas. De ética revolucionaria. Igual con Tony de la Guardia: una «indignante sorpresa». Hasta Norberto Fuentes fue parte de esa trama: 200 000 dólares se encontraron en su casa.

¿Los disidentes detenidos en 2003? Provocadores al servicio del imperialismo yanqui, organizados y financiados por James Cason, jefe de la Oficina de Intereses de los Estados Unidos.

Sí, Ramonet pone los pases a gol. Una y otra vez, hace como que cuestiona, pero en realidad deja que el Comandante se explique sin arrinconarlo. No se da cuenta de que el Comandante se explica demasiado. Uno a uno, cada represaliado, cada expulsado, cada fusilado ofrece una razón para que le haya caído encima el peso de la justicia revolucionaria. Lo que no hace Ramonet es un censo: el censo de la represión. ¿A las cuántas represalias justificadas, cuántas expulsiones con motivo, cuántos fusilamientos puede hablarse de totalitarismo, de tiranía, de represión? Porque el libro de Ramonet tiene más de 600 páginas.

Tampoco hace Ramonet el censo de las muertes, torturas, secuestros y atentados que patrocinó el Comandante en Jefe en otras partes del mundo. Como no habla de su aval a las dictaduras más indignas.

Fidel le ve la cara a los socialistas españoles, convencidos de que es un mediador honestísimo, y le da hospedaje solidario a los separatistas vascos de ETA, que le pagan con sus enseñanzas: de ellos aprenderán las guerrillas continentales a detonar explosivos hechos en casa, construir morteros y financiarse con secuestros.

Fidel da un apoyo decidido al Frente Sandinista de Liberación Nacional en Nicaragua, que recluta combatientes de 10, 12 años, que desatará una represión salvaje contra los indios miskitos, un etnocidio propiamente, y que acabará por robarse hasta las lámparas y someter a una persecución sin cuartel a los viejos camaradas de armas que se opongan a la eternización de Daniel Ortega en el poder: a Ernesto Cardenal, a Sergio Ramírez. Daniel Ortega, el mismo que abusó sexualmente de su hijastra.

Fidel saluda al camarada Nicolás Maduro, sustituto de Hugo Chávez en Venezuela y responsable de la represión contra los manifestantes que se le oponen durante el Año Uno Después de Fidel, pero también de colocar a su país, la potencia petrolera, al borde de la hambruna, y por lo menos de cobijar actos de corrupción sin parangones, y de disolver al parlamento elegido en las urnas en nombre de una Asamblea Constituyente hecha a la medida.

Fidel patrocina el entrenamiento de las FARC colombianas, campeonas mundiales del secuestro, el uso del collar explosivo, la asociación con el narco y hasta de quemar vivos a los soldados que las enfrentaban.

Fidel le abre los campos de entrenamiento a Al-Fatah, otra organización relacionada con el terrorismo, en nombre del anticolonialismo y de la lucha contra el Estado de Israel.

Fidel se dirige a la chamba en el Mercedes blindado que le regaló Sadam Hussein, el dictador iraquí, probablemente luego de comerse un pan con esa mermelada de higos estupenda que llegó gracias al mismo patrocinio.

Fidel, reveladoramente, pone las banderas a media asta cuando muere Francisco Franco, el Caudillo de las Españas.

Pero quizá tiene razón Ignacio Ramonet cuando decide no hacer un censo de esa naturaleza. Sabe que 600 páginas se quedan cortas. O que ni siquiera es posible hacerlo, no con un carácter exhaustivo.

Él también es un experto en la administración de silencios. Claro que con el lenguaje es bastante menos virtuoso que el Gabo.

El que nunca se hubiera dedicado a poner pases para gol, y nunca lo hizo, fue el crítico menos esperado, o tal vez no, de la Revolución cubana: Canek Sánchez, de cuyas raíces será más fácil darse cuenta si se atiende a su segundo apellido: Guevara. Nació en La Habana el 74, nieto del Che. Su madre, Hilda Guevara, fue hija del guerrillero y de la peruana Hilda Gadea (su primera esposa), y su padre un mexicano, Adolfo Sánchez, que pertenecía a la Liga de los Comunistas y buscó asilo en Cuba tras secuestrar un avión. Canek murió en la Ciudad de México en 2015 tras una operación por un problema cardiaco, aunque vivió en Oaxaca un tiempo. Se dedicó al diseño gráfico y a la fotografía, escribió —bien—, y cometió la excentricidad de dedicarse al rock en la tierra de la salsa y el reggaetón.

No transigía con la Revolución ni tampoco del todo con la figura de su abuelo, cuya fe en la creación del hombre nuevo, por ejemplo, calificaba de «demasiado absolutista». Pero sobre todo no transigía con Fidel Castro, obsesionado con el poder, decía en una entrevista con *Proceso*, que llevaba 50 años ejerciendo de manera, también, absolutista.

Incomodísimo, Canek, que huyó de Cuba porque estaba harto de ser usado como símbolo, publicó póstumamente *33 revoluciones*, un libro que cuaja en estampas compactas y densas el aburrimiento, la opresión, la mediocridad y la injusticia del régimen que ayudó a fundar su abuelo. Dice Canek:

El edificio resiste el embate. En su interior, los pasillos aparecen llenos de rostros temerosos y gente que reza instrucciones y obviedades («hay que mantener la calma, compañeros: nada es eterno»). Todos verbalizan a la vez (veinte discos rayados suenan al mismo tiempo): todos dicen lo mismo con distintas palabras, como en la cola o en el mitin —manía de hablar: doce millones de discos rayados parloteando sin parar—. El país entero es un disco rayado (todo se repite: cada día es una repetición del anterior, cada semana, mes y año; y de repetición en repetición el sonido se degrada hasta que sólo queda una vaga e irreconocible remembranza del audio original —la música desaparece, la sustituye un arenoso murmullo incomprensible—). Un trasformador explota en la distancia y la ciudad queda a oscuras. El edificio es un agujero negro en medio de este universo que insiste en derrumbarse con estrépito. Nada funciona pero todo da igual. Siempre da igual. Como un disco rayado, que siempre se repite.

Paseo por Habana Vieja y en una plaza, de pronto, se me aparece una cascarita. Jóvenes de 16, tal vez 18, 20 años, entre puyas, bromas y regaños verdaderos publicitados con el más cubano de los acentos, a voz en cuello, juegan futbol, según todos los indicios, por el puro placer, libres, sin árbitro ni entrenadores ni uniformes ni responsabilidades con la patria o con la Revolución o con el Comandante, quienquiera que sea el Comandante. Juegan, y juegan bien. Muy bien. Me sorprenden, porque tradición futbolera Cuba evidentemente no tiene, pero no parece hacerle falta. México se distingue por la pésima calidad de su futbol callejero. Donde te presentes, en la costa o en las calles de la Ciudad de México, en el sur o en el norte del país, aflora un futbol patoso, mal hecho. Estos cubanos son otra cosa. Paran bien el balón, tocan con sutileza, meten el cuerpo con algo dancístico, firme pero suave, cadencioso. Pienso que podría estar en Brasil, por apelar al lugar común, y me digo: «Ahí vienen». Me refiero, por supuesto, al enorme talento cubano para el deporte, y a los logros de ese país en varios niveles de competición, el olímpico para empezar. La Cuba de 11 millones de habitantes, economía 62, tiene 219 medallas olímpicas.

El México de 112 o 120 millones, economía 13, 67. Falta que nos tuerzan en una eliminatoria mundialista, pensé también.

Claro que no es ahí donde más oprobioso es su talento. Hay tal vez tres maneras de ser una potencia olímpica. Una, pertenecer al selecto mundo de los países desarrollados, esos que solían llamarse *de primer mundo*. Otra, pertenecer a un país totalitario. Los totalitarismos promueven el deporte como una forma de propaganda, de relaciones públicas. Ahí el poderío medallístico de la vieja URSS, de China, de la Alemania Democrática, pero también, incluso, la dignidad competitiva de Corea del Norte. Esos países alardean. Se trepan al medallero porque no se pueden trepar al carro del desarrollo. Compran primeras planas con medallas. Una tercera forma es ser un país de esos que hoy se llaman *en vías de desarrollo*, o sea miserable, pero perfeccionar una disciplina con puntillosidad primermundista, echarle toda la carne al asador a una especialidad y con eso dejar a los 4 500 atletas mexicanos unos 20 escalones abajo en la tabla de medallas. Ya saben. Jamaica y las pruebas de velocidad en pista. Kenia o Etiopía y las carreras de fondo.

Cuba desarrolló el deporte con temple totalitario, y mantiene un alto nivel aun cuando, suponemos que fustigada por la pobreza, abandonada por los países que solían patrocinarla, se ha caído en los últimos dos olímpicos: las 31 medallas de Barcelona 92 se convirtieron en 15 en Londres 2012 y 11 en Río 2016. Pero los números son todavía buenos, y sobre todo, a la manera jamaiquina o keniana, Cuba podría haberse defendido en el medallero con una sola de sus especialidades, una que se supone que debería ser nuestra: el boxeo, la dulce ciencia, que en el plano profesional nos ha convertido en el segundo país con más campeones mundiales después de Estados Unidos, pero que en el olímpico nada más no amarra del todo.

Los niños no tienen ropa deportiva ni remotamente en forma. Los zapatos, en general, están rotos y se diseñaron para cualquier otra disciplina deportiva, o para ninguna disciplina deportiva y punto. Son flacos y, todos, mulatos. Saltan rítmicamente en un patio. Tiran golpes al aire, rapidísimo, con técnica. Dicen que salen a correr, con el frío, muy temprano por la mañana, para bajar de peso. Saben que el azúcar les hace mal, pero son conscientes de que les encanta. Hay uno que, lo descubre el entrenador, debe ya 17 pesos en la panadería que está cerca por las empanaditas que se ha comido. Caminan en cuclillas con esas canillas. Saltan la cuerda, faltaba más. Golpean fuertemente una llanta de coche, colgada de cadenas, a falta de un costal, un aprovechamiento de recursos que he visto también en algunos gimnasios mexicanos. Los guantes, enormes, para adultos, parecen sobrevivientes de una película muda, por el diseño completamente *demodé* y ese aspecto un poco fofo: uno espera ver a pequeños Chaplin esquivando a un forzudo calvo y con grandes bigotes. Pero no. Probablemente van lanzados a acumular medallas en cuantas competencias internacionales, incluidos tal vez algunos olímpicos. Pueden verlos en *Cuban Punch Up. The Boys who Fought for Castro*, un documental de la BBC sobre una cuadrilla de chicos que se disponen a eso, a triunfar como boxeadores.

Pero ¿es de veras equivalente el caso del boxeo cubano al de Jamaica y sus velocistas o Kenia y sus maratonistas? La verdad es que nada en la película lo indica. No se ve una clínica del deporte, un gimnasio con tecnología especializada, ropa deportiva hecha de microfibras casi mágicas de esas que liberan el sudor al instante, y se amoldan, y no pesan y no se rompen. Hay un maestro apasionado y digno, y según los indicios igual de pobre que los chicos, o muy poco menos, que los entrena con paciencia, y los abriga de noche, y los despierta con exigencia y cariño, y los jalea. Hay padres de familia asustados y orgullosos y resignados y probablemente contentos porque su hijo al menos come carne y frijoles y un huevo y leche todos los días. Y hay una tradición. Una tradición extraordinaria. La de esas 73 medallas, que hacen a Cuba la segunda potencia olímpica, tras los Estados Unidos (y a años luz de las 13 de México, el lugar 25 del medallero con todo y la gran tradición de boxeo profesional que sí tenemos). La de Teófilo Stevenson, ese portento de los completos, contemporáneo de Muhammad Ali, al que Fidel llevó consigo justamente cuando Ali visitó la isla. La de Félix Savón, otro gran peso completo. La de Luis Felipe Reyes, cuyo hijo es uno de los candidatos a estrella en la película. Tal vez, antes, a la de los grandes profesionales cubanos. La de Eligio Sardiñas «Kid Chocolate», entrevistado por Lichi Alberto para una crónica que debería ser libro de texto en las escuelas de periodismo. La de «Mantequilla» Nápoles, exiliado en México tras la Revolución que prohibió el profesionalismo, campeón mundial que peleó en mediano, wélter y ligero. La de Ultiminio «Sugar» Ramos, que todavía hace poco paseaba su elegancia por el centro de la Ciudad de México, con rigurosos trajes de tres piezas y lentes oscuros, y otro que escapó de las bendiciones revolucionarias para hacerse mexicano. Murió durante el Año Uno Después de Fidel, a los 76, de cáncer prostático.

¿Qué les dio la Revolución a esos niños? Parece que una causa. Que pelean por Fidel, dicen con esa ingenuidad conmovedora que uno puede ver, sobre todo fuera de Cuba, en adultos perfectamente creciditos. De esos que ya formaron un criterio.

En algún momento, los chicos van de excursión a ver un entrenamiento del equipo olímpico cubano, ese sí bien pertrechado. En el gimnasio hay fotos en blanco y negro. Una es de Fidel. El Comandante, que jugó bien básquet y beis, que buceó, que sabía de ganadería y de estrategias guerrilleras y de economía y del clima y de literatura y de cocina, lleva guantes de boxeador. No parecen de película de Chaplin.

En Madrid, durante el café y el whisky con demasiados hielos en un clásico de la vieja cocina castellana, Casa Salvador, al que solía ir Ava Gardner, me recuerda Jorge F. Hernández, escritor guanajuatense que vive en España pero irremediablemente chilango, que otro Jorge guanajuatense e inevitablemente chilango, el gran Ibargüengoitia, el Rey Jorge, tiene una crónica de sus días en Cuba, el 64, cuando ganó el Premio de novela Casa de las Américas. «Revolución en el jardín», se llama, está en *Viajes en la América ignota*, que es una de las recopilaciones de textos breves suyos que por fortuna circulan abundantemente por las librerías —le debemos la recopilación, como tantas otras cosas, a Guillermo Sheridan—, y me sorprende por la lucidez con que entendió que la isla estaba lejos de ir cuajando el paraíso de la igualdad, apenas cinco años y piquito después del triunfo guerrillero.

Me sorprende, para empezar, la lucidez con que entendió las particularidades aeroportuarias del régimen, oscilantes entre la incompetencia y el espíritu vigilante tipo *Big Brother*. Un aeropuerto en el que le retienen protocolariamente el pasaporte, pero no le revisan, como uno supondría que harían también protocolariamente, el equipaje porque es «invitado del gobierno» y le entregan una declaración de ingreso de divisas que pertenece a otro pasajero, pero en el que a la salida no le hacen desvestirse para revisarle el «aparato digestivo» en busca de objetos de valor, como sí pasa con los pasajeros que no son invitados del sector VIP socialista, los miembros del *Red Set*.

Sorprende la rapidez con que capta las peculiaridades, llamémoslas así, del mercado cubano de entonces, tan similar y tan diferente al de hoy. Cito en extenso: «El comercio, tal y como lo conocíamos en los países capitalistas, había desaparecido. El café estaba racionado; en los quince días que estuve en Cuba no vi un limón; los plátanos estaban apartados; la cerveza no se vendía antes de las dos de la tarde; las tiendas de ropa estaban llenas de cosas que a nadie se le ocurriría comprar; por último, los comercios estaban tan vacíos, que costaba trabajo distinguir entre los abarrotes, las cervecerías y los cafés».

Y sorprende que tal vez logra explicarme la estatua del Zapata que no se parece a ningún Zapata, el Zapata del parque de Miramar. Un cubano al que Ibargüengoitia se refiere como al «compañero Mariel» llega a su habitación para hablar del que «desde que yo era niño» considera uno de los héroes revolucionarios «más limpios y más puros». Es justo, remata ese internacionalista intachable, que la Revolución le rinda tributo. Su propuesta: que a la Avenida Zapata, que ya existe y a la que bautizó un español millonario con ese apellido, se le llame desde entonces, en un esfuerzo de austeridad y aprovechamiento de recursos, *Emiliano* Zapata. Eso, y que Ibargüengoitia gestione en México la donación de un busto del prócer morelense para coronar el homenaje. «Le dije que me parecía factible —apunta Ibargüengoitia—. En México hay tantos bustos de Emiliano Zapata que nadie sabe ni dónde ponerlos». Antes de la despedida, Mariel insiste: «Prométame que no se olvidará del busto de Zapata». Remata el gran Jorge: «Y en efecto, no se me ha olvidado. No he hecho nada para que manden un busto de Zapata a Cuba. Pero no se me ha olvidado».

¿Será responsabilidad suya la estatua rarísima del parque, por quién sabe qué cadena de causas y efectos a la cubana?

«A Ernán y sus amigos les gustaba acostarse con las negras, pero no se hubieran casado con ellas», me dice Wendy sobre su marido mientras nos desplazamos en coche rumbo a la zona del Morro. Y remata: «Si yo hubiera sido negra, no se hubiera casado conmigo. Soy medio china, pero no se dio cuenta». Anochece. La idea es tomarse una cerveza y ver el Malecón desde la perspectiva del mar, encendido por las farolas. En efecto, es una vista muy guapa, y la noche es amable: no fría, pero sin los azotes del calor diurno. Bebo una Cristal irreprochablemente helada, ellos un vino blanco innecesariamente tibio. No sé muy bien por qué fue justo ahí y en ese momento que se me ocurrió preguntar a mis amigos sobre la realidad del racismo en Cuba hoy, y en general a partir de la Revolución.

Porque la Revolución se dijo siempre enemiga acérrima del racismo inveterado que azotó a un país que se libró de manera tardía del esclavismo. Los prejuicios son selectivos, arbitrarios. El Che, homofóbico y dispuesto a exterminar a toda una clase social, la burguesía, conforme al dogma leninista, y Fidel, antiyanqui febril y otro tanto de homofóbico, no han dejado evidencia alguna de padecer prejuicios raciales, al menos no contra los afrocubanos (la perspectiva de México del guerrillero argentino era muy diferente: el «país de indios» le parecía más que dudoso). De hecho, en su viaje a Nueva York, el 60, cuando bastante demagógicamente optó por hospedarse en aquel Harlem muy prehípster, libre de quinoa y kale, Fidel hizo contacto cercano con algunas de las figuras más radicales de la lucha afroamericana por los derechos civiles. Varias de ellas bastante connotadas, como Huey Newton, que fundó las Panteras Negras, pasarían por Cuba, y otras, prófugas de la justicia norteamericana, permanecerían ahí, caso de Assata Shakur, integrante del Ejército de Liberación Negra, quien vive protegida por la inteligencia cubana, no sea que algún valiente decida ganarse los dos millones de dólares que ofrece el FBI por su cabeza. Pero una cosa es repudiar el racismo local o foráneo, o promulgar condenas contra el racismo, aunque sea selectivamente, y otra erradicarlo. En Cuba, si el racismo desapareció, fue, otra vez, por el motivo habitual: un decreto. El resultado: hoy, en la isla, la población de las cárceles alcanza un 80% de reos afrocubanos. Más aún: en un país en el que dos terceras partes de la población tienen esa pertenencia étnica, un 70% de los puestos de liderazgo están en manos de la población blanca.

Probablemente a eso se refería Barack Obama, por entonces presidente de los Estados Unidos, cuando dijo en el Gran Teatro de La Habana, durante su visita a la isla, lo de que:

«Queremos que nuestro encuentro ayude a los cubanos de ascendencia africana a levántarse», un comentario que fue muy bien y muy mal tomado por según qué cubanos. En las calles más jodidas, muy bien. Otra cosa fue la que ocurrió entre los que lo rodeaban en los actos oficiales... Ahí el comentario no hizo gracia.

Ninguna gracia. Al triunfo de la Revolución, Fidel dijo que el racismo había terminado. Con eso logró lo que con tantos problemas: sacarlo no de la realidad tangible, sino de la realidad del lenguaje, mucho menos exigente. Su realidad. El asunto dejó de tocarse. Se volvió poco menos que un tabú. Salió sin remedio de la agenda.

Me encuentro con un contingente de amistades mexicanas que coincidieron en La Habana ese Año Uno Después de Fidel. Cenamos en La Torre, un restaurante que pareciera haberse quedado detenido en los años sesenta, por el rebuscamiento anticuado de los platos, sobrecocinados como es norma en el país, pero más aún por los muebles, los platos, la edad de los meseros y el aspecto de la barra, aunque extraordinario por la vista a vuelo de pájaro del Malecón, y nos precipitamos a un bar en Miramar, cerca de la casa. Nos invitó M —que sin embargo no llegó, convencida de que faltaríamos a la cita como buenos mexicanos— a pasar- la con sus amigos cubanos, que celebraban un cumpleaños. Buen bar. La barra, bien provista, eficaz, no paraba de dispararnos vasos de Havana Club derecho a buen precio, como Dios manda. No se necesita más en esta vida, pero es que además los asistentes tenían la amabilidad de cualquier fiestero de clase media educada en el mundo occidental, y la música en vivo era decorosa, pese a su excesiva propensión a Silvio Rodríguez.

De pronto, una mujer francamente guapa, tal vez en sus 25, me lanza la mirada más desafiante, invitadora, caradura, sexuada, que he recibido en mi vida, de alguien que no conozco al menos. Bebe sorbos minúsculos de una bebida roja y habla con otra mujer castaña, más morena, ostentosamente escotada, mucho más que curvilínea, más bien indiferente. Y no cede: desvío la mirada hacia otro lado, trato de ignorarla, me traslado al extremo opuesto del bar con una de mis amigas mexicanas, entro al baño y cuando salgo… La mirada sigue clavada en mí. No me creo tan atractivo, por supuesto, ni mucho menos. Ya me había advertido mi anfitriona que el negocio de la prostitución podía haber disminuido gracias a la proliferación del «cuentapropismo», los negocios por cuenta propia, pero que de ningún modo había desaparecido, algo que comprobé un día de frente frío, cuando el único cubano que caminaba por el Malecón fue el que se acercó para ofrecernos a Gabriel y a mí «chicas, tabaco».

La verdad es que no tuve más experiencias con las llamadas *jineteras*, y no es que, de los hemingwayeanos Floridita y La Bodeguita del Medio, al Malecón, al Hotel Nacional, al Riviera, haya eludido las trampas para turistas. Ni las célebres chicas que no cobran de inmediato pero buscan —inversión muy capitalista a largo plazo— una visa o una transferencia recurrente de dinero, ni las que pasan del trago a la cena antes de meter el sablazo oportuno, ni las más desafortunadas que tienen que ejercer formas paupérrimas de la prostitución, como en todo el mundo, por no muchos pesos: ninguna se me acercó, al margen de esa mirada insostenible. Ni ninguno, que de eso tampoco ha escaseado en el paraíso.

¿En serio ha disminuido la prostitución en Cuba, en cualquiera de sus formas? De verdad dan ganas de que así sea. Dan ganas por la ironía que implica el hecho de que la libertad de mercado, el acercamiento de las dinámicas capitalistas, reduzca un fenómeno contra el que se supone que se alzó la Revolución. Al triunfo de los barbones, hubo, efectivamente, una serie de políticas destinadas a incorporar a una vida digna a, decían las cifras, unas 100 000 mujeres lanzadas a la prostitución por las sucias políticas del imperio, y sobre todo por las mafias gringas que dominaban la isla. E intentó ayudárseles, o eso pareció: trataron de hacer de ellas costureras, maestras, conductoras de coches.

Pero ni el más entusiasta de los filocastristas —bueno, tal vez Montaner sí— se atrevería a negar que el fenómeno de las jineteras es —aunque alguna vez Fidel Castro dijo que las mujeres lo practicaban por mero gusto, por sangre caliente, por cubanía— un fenómeno de prostitución, es decir, un fenómeno de la pobreza. Como en todas partes, aunque con características particulares. El triunfo guerrillero, y sobre todo el viraje de Cuba hacia la órbita de la URSS, llevó de inmediato una nueva forma de prostitución a la isla. No se trataba ya de esperar sentada en el antro del mafioso a que alguien pagara la cuota por un acostón, ni de pararse en una esquina ante la mirada vigilante del padrote. Los clientes no eran ya turistas u hombres de negocios gringos, legítimos o ilegítimos. Cuba no era ya «el burdel de los americanos», según la muletilla. Los poderosos eran otros: tal vez los líderes guerrilleros latinoamericanos con trato VIP, sin duda los mandamases del régimen, y particularmente los muy empoderados visitantes llegados desde el Telón de Acero, en primer lugar esos ingenieros, diplomáticos, militares soviéticos cargados de autoridad y privilegios.

Por fin, llegó el Periodo Especial. Hambreada, Cuba se abrió al turismo, y con el turismo llegó el turismo sexual. No se ha ido. Otra amiga local, K, me habla con indignación de la vecina que usó a su hija de 14 años para sacarle dinero a un empresario italiano asiduo a la isla. Es apenas un caso. Las historias de españoles, canadienses e italianos, sobre todo, que llegan a Cuba en busca de la malamente llamada prostitución infantil —de lo que hay que hablar es de esclavitud sexual—, constituyen un lugar común justificado con hechos y cifras. En octubre de 2015, sin ambages, el Comité de los Derechos del Niño de Naciones Unidas urgió al régimen de Raúl Castro a cambiar sus muy flexibles leyes sobre la prostitución infantil, y a tomar medidas urgentes respecto a la trata de menores con fines sexuales. Más o menos en la misma tesitura estuvieron las opiniones del Departamento de Estado norteamericano en su Informe Sobre el Tráfico de personas de 2013. Pero claro, se trata del imperio. Pura mala fe, es de suponerse. Pura propaganda colonialista.

Hay un reportaje inquietante sobre este tema hecho en conjunto por *El Nuevo Herald* y el *Toronto Star*. La investigación no puede ofrecernos cifras claras. Normal. Por bueno que sea un reportero, el blindaje al escrutinio exterior del régimen es impenetrable, eso en el supuesto de que el régimen se moleste en indagar sobre esta plaga. Pero la falta de cifras no lo hacen menos revelador. Publicada en 2013, la investigación conjunta deja datos importantes. Por ejemplo que, según un informe de la Real Policía Montada Canadiense, para los depredadores sexuales de ese país la isla se ha convertido en una especie de paraíso por la permisividad de las autoridades, la complicidad de muchos empresarios hoteleros dispuestos a hacerse de la vista gorda, la baja incidencia del VIH, al menos en comparación con República Dominicana o Haití, por la cercanía y desde luego por los bajos precios. Un tal Michael asegura en la nota que 30 dólares bastan y sobran. '

El misterioso Manuel Piñeiro, también llamado el Gallego, fue algo más que el organizador de las aventuras guevaristas en África y Bolivia. «El feroz Barbarroja», como lo llamaba su amigo García Márquez, murió el 11 de marzo del 98 tras un accidente de coche que sí parece haberlo sido. Aunque nunca se sabe: pululan las teorías sobre que sabía demasiado, y los recordatorios de que a Fidel los superespías terminaban por parecerle siempre material desechable. Barbarroja salió del accidente con heridas leves, para morir días después en el hospital, de un infarto. Nacido el 33 en Matanzas; formado en Estados Unidos, donde casó con una bailarina y aprendió un inglés suelto y popular; miembro del Movimiento 26 de Julio; combatiente en la Sierra Maestra, en el Segundo Frente Oriental «Frank País» que capitaneaba Raúl Castro; ascendido a comandante del Ejército Rebelde tras intervenir en la batalla de Santiago; jefe de la plaza militar en esa ciudad al triunfo revolucionario, el 61 era ya jefe del Viceministerio Técnico de Interior, la que sería su casa, por decirlo así: ese lugar donde se lavan los trapos sucios, y donde fungió después, siempre misteriosamente, como viceministro primero y jefe de la Dirección General de Liberación Nacional. O, propiamente, fue una de sus casas. La otra fue el Partido Comunista de Cuba, en el que era integrante del Comité Central pero sobre todo en. el que dirigió durante 17 años el llamado Departamento de América.

¿Qué era el Departamento? Lo define bien el escritor Jorge Edwards (1931), que tuvo el honor de ser enviado a la isla por Salvador Allende como encargado de negocios de la Embajada chilena, en 1971, y ser declarado *persona non grata* por el gobierno cubano tres meses y medio después, a causa de su talante crítico. Una «sección dedicada en parte menor a la diplomacia y a la información, en grado determinante a la actividad subversiva de todo orden», dice Edwards de la oficina dirigida por Piñeiro, que fundamentalmente se dedicaba a promover movimientos guerrilleros por el mundo, en especial por América Latina.

Futuro secretario de Embajada en París con Pablo Neruda, exiliado tras el golpe de Augusto Pinochet, novelista, cuentista, premio Cervantes, representante de Chile ante la Unesco en los noventa, premio Planeta-Casa de las Américas, Caballero de la Orden de las Letras y las Artes, Edwards tiene uno de los libros clave para entender la Revolución cubana, y además un libro prematuro. Se llama justamente *Persona non grata*, fue publicado el 73, le granjeó tremendas enemistades en la izquierda y tuvo otro mérito notable: ser prohibido a la vez en la ya ostensiblemente autoritaria Cuba de Fidel y en Chile, donde acababa de usurpar el poder, criminalmente, Pinochet. Le costó caro. A la enemistad de los sectores izquierdistas se sumó un prolongado silencio de las castas intelectuales, un silencio que rompieron dos Nobel, Octavio Paz y Mario Vargas Llosa, que llama a Edwards «el francotirador tranquilo».

En efecto, Edwards fue un pionero del distanciamiento con el castrismo. Su libro, concebido para contrarrestar la idea tan arraigada en el Chile allendista de que la Cuba barbona era la panacea, es una disección implacable del estalinismo castrista, del autoritarismo a la Castro. Un tema sobre el que ha vuelto en otras ocasiones. Por ejemplo, en una nota sobre *El furor y el delirio*, de Jorge Masetti. Cuenta Edwards que cuando llegó a Cuba la Embajada chilena estaba formada por él, que vivía en una habitación del Riviera, más una secretaria y un chofer amablemente dispuestos por los servicios cubanos, a los que, sobra decirlo, respondían. Edwards no era consciente de ello, pero su papel en La Habana era importantísimo. La política de infiltración del régimen en otros países, esa que comandaba el compañero Barbarroja, tenía entre sus prioridades al Chile de Allende, de ahí que Piñeiro fuera uno de los primeros cubanos que, como por «casualidad», se atravesaron en el camino de Edwards, y sobre todo de ahí que llegaran día a día, uno tras otro, más cubanos en busca de visados que enviaba Piñeiro. Su destino era la Embajada de Cuba en Santiago de Chile, destinada a su vez a convertirse en un importante centro de operaciones. Las resistencias de Edwards, que no tardó en desarrollar un escepticismo de teflón ante el régimen de Fidel, no pasaron desapercibidas a Piñeiro, directamente relacionado con su expulsión del país.

Hijo del famoso Comandante Segundo, es decir, de Jorge Ricardo Masetti, amigo del Che muerto el año 64 en el intento absurdo de abrir un frente guerrillero en Argentina y fundador de Prensa Latina, Masetti fue apadrinado justamente por Manuel Piñeiro a la muerte de su padre. Fue él quien tuvo que avisarle al niño de esa pérdida; fue él quien, lo cuenta el propio Masetti en su libro, fungió poco menos que de padre sustituto… En principio, al menos.

Porque la gratitud de Masetti por el Gallego terminó por disolverse. Sobre todo, dista de ser extensiva al régimen que protegió y promovió con tanto entusiasmo. Incluso esa gratitud existió en sus días. Jorge fue educado en la más recia fe revolucionaria y entrenado como uno más de los superagentes cubanos, dispuesto a arriesgarlo literalmente todo en nombre de la utopía. No hace falta ser un psicoanalista consumado para entender, como entiende él, hasta qué punto la figura del padre ausente determina su biografía como miembro de la parte más secreta, más peligrosa del Minint. Pero ni los 24 volúmenes de las *Obras completas* de Freud bastan para predecir semejante currículum.

Masetti es un ejemplar particularmente ilustrativo del llamémoslo *internacionalismo a la cubana*. Nacido en Argentina el año 55, se crio en Cuba, donde supo de la muerte de su padre cuando tenía nueve años. Con una escala juvenil en su país de nacimiento, donde militó en el Ejército Revolucionario del Pueblo —empezó a combatir a los 17 años—, recibió entrenamiento militar en la isla, invitado por Barbarroja, en el llamado Punto Cero de Guanabo, un centro de entrenamiento secreto por el que pasaron integrantes de las más variadas organizaciones y que no debe confundirse con el nombre que ya hemos dicho que se le daba a la residencia principal de Fidel Castro. Luego intervino en Angola, en Colombia, en Nicaragua al lado de los sandinistas, e incluso en México, donde la ineficiencia policiaca permitía encontrar fuentes ilegales de patrocinio para las guerrillas continentales sin muchos riegos involucrados. Hay cosas que no cambian.

Y es que Masetti hizo trabajo sucio. Mucho trabajo sucio. Casado con Ileana de la Guardia, trabajó en el Ministerio del Interior con Antonio de la Guardia, su suegro, y se incorporó a la familia al punto de, así lo dice, adoptar como padre a Patricio, el *jimagua*. Y claro, le tocó hacer lo que a toda la unidad de Moneda Convertible: encontrar dinero sin reparar en métodos o pruritos. Todo por la Revolución. Todo, o sea: falsificar dólares o traficar marfil desde Angola, aunque no, dice y repite Masetti, vincularse con el tráfico de drogas.

Al regreso de Angola, Masetti se topó con un panorama atroz: su suegro y Patricio detenidos, junto con Arnaldo Ochoa y sus lugartenientes. Los cargos eran de corrupción, aunque no tardaría en sumarse, convenientemente, el de narcotráfico. Trató de reunirse con diferentes miembros del estamento político y de la comunidad de inteligencia cubana. El único que lo recibió fue Piñeiro, que se dijo escandalizado por la inmoralidad de los detenidos e inminentes fusilados, como si el espía de espías no supiera de las maneras castristas de romper el bloqueo. Masetti e Ileana terminaron exiliados en París.

Dice Masetti en *El furor y el delirio*, en un inicio que de algún modo es un final: «Es fácil convertirse en corsario. Basta con creer en una causa y en un monarca que te utilice. El monarca pretende encarnar la causa y se eleva por encima de nosotros, los corsarios, condenados desde el inicio a morir solos, con un loro al hombro, un ojo de menos y una pata de palo. Sin historia».

«Va a entrar un frente frío», me dice M cuando despierto, asomada a la ventana, con un café en la mano. Es café cubano, que yo recordaba mejor de lo que sabe de los días en que los amigos que viajaban a la isla te llevaban un paquete de regalo, no sé si porque la producción mexicana ha mejorado, acostumbrándonos a estándares más altos, o porque la cubana ha decaído.

El hecho es que M, que suele cumplir con el ritual mañanero de beber café y ver el mar, me dice cuando le pregunto qué quiere de México, sin titubeos: cápsulas de Nespresso. Tiene la cafetera, pero el café de la trasnacional suiza es inconseguible en Cuba.

El día está gris, como el mar, que no tiene lanchas y se mueve de manera incierta, inquieto, con ganas de pelea. Un par de horas después paseamos el amigo Sandoval y yo por el Malecón vacío, entre potentísimas olas que a veces llegan a la mitad de la avenida, entre ventarrones que literalmente te detienen mientras avanzas. Nos divierte la sensación y nos maravilla el paseo a solas, pero seguramente estamos cometiendo una imprudencia.

«Con el meteorológico siempre se sabe», me cuenta un taxista esa tarde. Lo que no deja de ser un poco milagroso, porque el hombre del clima en Cuba, el popularísimo, el querido José Rubiera, director del Centro Nacional de Pronósticos del Instituto de Meteorología, figura famosa de la televisión, tuvo alguna vez el arrojo de contradecir públicamente al Comandante en Jefe. Cuba recibió el puñetazo de los huracanes 14 veces en 20 años, y la verdad es que los planes de contingencia funcionan: no han pasado de 40 los muertos en ese tiempo, muy pocos en realidad. Será por eso que Fidel aguantó que Rubiera le quitara la palabra durante una transmisión, y que no le diera por su lado. Fue en 2004, mientras La Habana resistía el huracán Charley.

¿Que qué hacía Fidel Castro opinando sobre el clima?

Bueno, es que no había muchos temas sobre los que no tuviera el Comandante una opinión bien formada, contundente, irrebatible, informadísima. Única.

De cruzas de bovinos, por ejemplo. Otra de las leoneras que disfrutó el barbón fue lo que su entorno llamaba El Once, sita en esa calle, un complejo de edificios con todas las comodidades en pleno Vedado. La calle estaba cerrada con dos garitas de militares, y era nada menos que donde vivía Celia Sánchez, primera soldado combatiente del Ejército Rebelde y compañera de las escapadas nocturnas de Fidel, de quien era, nominalmente al menos, secretaria particular.Con perplejidad, algunos vecinos pudieron ver, en 1969, cómo una grúa subía a las azoteas a cuatro vacas Holstein europeas destinadas a la cruza con cebús cubanos. Sí: junto a la tersa y brillante mesa de boliche, la cancha de básquet y el departamento adornado con plantas y rocas llevadas desde la Sierra Maestra, supongo que como una concesión a la nostalgia, Fidel se mandó construir un establo. En el país donde comer carne de res resulta básicamente imposible, el Caballo presumió a las vacas. La estrella absoluta fue Ubre Blanca que, cacareó el comandante, llegó a dar 109 litros de leche en un solo día. Conviene recordar que los Castro, Fidel y sus 12 hermanas y hermanos, provienen del campo, como hijos de un terrateniente gallego. De hecho, su hermano más parecido físicamente, el también altísimo Ramón, rehusó siempre acercarse a la política y dedicó una vida a las tareas campesinas, en especial a dirigir la ambiciosa granja del Plan Especial del Valle de Picadura. También recibió lecciones de Fidel, quien solía visitarlo. Qué lástima que las lecciones no hayan bastado para emparejar las cifras. Antes de la Revolución, Cuba tenía una vaca por habitante. A la muerte del Comandante, una por cada cuatro. Eso explica que sólo puedan disfrutar sus carnes los niños menores de siete y los enfermos de sida.

También tenía opiniones sobre el arte de la cocina. Es sabido que le gustaba deleitar a sus invitados con esa pasta *frutti di mare*, pero sobre todo con el espectáculo de verlo cocinar y explicar el modo de hacerlo.

Vaya, que Fidel hablaba del clima, de la cruza de ganado, de comida...

Cuba como un enorme rancho.

Pero no se limitaba a tan poca cosa el Comandante.

Mientras Arnaldo Ochoa capitaneaba a las tropas cubanas en Angola, es consenso que con eficacia, Fidel, cierto de que sabía más de estrategia militar, y de las condiciones del terreno en África, y de la situación de las tropas cubanas, y del emplazamiento de las divisiones zaireñas y sudafricanas, decidió darle instrucciones a distancia. Ochoa se negó a seguirlas, particularmente en la batalla maratónica, cruenta, decisiva, de Cuito Cuanavale, extendida entre diciembre del 87 y marzo del 88, terminada en tablas y paso previo a una negociación a tres bandas, entre Cuba, Angola con sus varias facciones y Sudáfrica, que concluyó con la independencia de Namibia y la firma de paz. Quién sabe cuánto influyó esa negativa en su destino.

La verdad es que Fidel sabía de una cosa: de supervivencia y conservación del poder. O, dice Zoé Valdés, de *marketing*. Tener una avalancha de ideas malas y saberlas vender como geniales: esa fue su gran virtud.

Veo en la televisión las cargas policiacas de la Guardia Bolivariana contra los manifestantes en Venezuela. El gobierno que empezó como una interpretación, digamos *sui generis* de la democracia —los principios de la democracia sin adjetivos, la democracia representativa, como un pasaporte al gobierno de un solo hombre, a la perpetuación en el poder—, el de Hugo Chávez, ha mutado en un gobierno abiertamente autoritario, el de Nicolás Maduro, que tiene al país en una situación inaudita hasta para los estándares del populismo latinoamericano. Cuando remato estas líneas, en Venezuela las protestas han dejado 78 muertos, 1 000 heridos, unos 2 000 detenidos. Las cargas policiacas, salvajes, encuentran complemento en los actos pandillerescos de los *colectivos*, las organizaciones populares bolivarianas que, uniformaditas, no sólo hacen marchas contra los manifestantes que enfrentan a la policía, sino que, como se ha documentado largamente en videos, en fotos, en testimonios hablados, invaden propiedades, golpean opositores y usan armas de fuego contra ellos sin la menor intervención de la policía, sobra decir.

Hay razones para protestar. El experimento bolivariano —la expropiación de unas 1 200 empresas en una década, el gasto de tal vez un billón de dólares en «programas sociales», el sometimiento o cierre de los medios díscolos, la eternización en el poder de Chávez sólo interrumpida por el cáncer que lo mató, el intento de eternización, ahora, de Nicolás Maduro— tiene al país con una inflación de 800% que podría pegarle a 1 000%; un desabasto de comida que obliga a buena parte de la población a recoger sobras de los botes de basura para llenarse el estómago; la imagen nada infrecuente de niños muertos enterrados en cajas de cartón; una carencia de medicinas que se cobra ya no pocas vidas y, en el colmo de la ironía, sumido en la ausencia de combustible. En la Arabia Saudita de Latinoamérica, sí.

Pero la cúpula chavista se aferra al poder. ¿Por qué? Porque, de entrada, no parece tener muchas alternativas. Las evidencias de corrupción, de mal uso de los dineros públicos, son escandalosas. Pero hay más: dos de los hombres poderosos del régimen, el congresista Diosdado Cabello y el vicepresidente Tareck El Aissami, están acusados por los Estados Unidos de participar en una red de narcotráfico. En caso de un cambio de mando, ¿qué podrían hacer lejos del poder, perseguidos, es de suponerse, por la justicia venezolana pero también por la internacional? Poco o nada. La idea de un exilio dorado, plateado o por lo menos cobrizo suena poco verosímil: ninguno de sus aliados aceptaría enfrentarse con los Estados Unidos cuando el narcobolivarianismo no puede ya proporcionarles petróleo.

Ese es justamente el caso de Cuba, segunda razón por la que Maduro y los suyos siguen en el Palacio de Miraflores.

Fidel, que tantas cosas entendió equivocadamente, entendió con acierto que Venezuela, con esas reservas inagotables de petróleo, podía y debía ser una aliada crucial de su isla. Mejor aún: un satélite. Un patrocinador. Una fuente de recursos. Así que hizo varios intentos de apropiarse de ese país, o al menos controlarlo. Eso explica, de entrada, la presencia de la élite militar cubana en la guerrilla venezolana, de Arnaldo Ochoa para empezar. Antes, Fidel había hecho una escala en Venezuela con el fin de hablar con el presidente Rómulo Betancourt, a poco de haber sido tomado el poder en Cuba por el barbón, pero también a poco de que asumiera el cargo Betancourt, desde casi cualquier punto de vista un opuesto de Castro. Uno y otro venían de derrocar a una dictadura: Fidel la batistiana; Betancourt la de Marcos Pérez Jiménez. Pero el venezolano creía realmente en los procesos democráticos y sobre todo se descubrió experimentando un profundo escepticismo frente a su colega de la isla. No hubo entendimiento. Betancourt, que luego diría que no se había encontrado con un hombre sino con un huracán tropical, le negó la ayuda al Comandante. Cuando Fidel echó a andar el apoyo a las guerrillas venezolanas como respuesta, Betancourt lo denunció frente a la OEA, el año 62. A Cuba le costó la expulsión.

La obsesión del Caballo con el petróleo venezolano, sin embargo, no caducó. Lejos de ello, insistió con Carlos Andrés Pérez, ya en los setenta. Sus relaciones serán mucho más cordiales, entre otras cosas porque compartían entradas de la agenda como la enemistad con el dictador nicaragüense Anastasio Somoza, pero el resultado no cambió en lo esencial, y Fidel sabía que el tiempo se le agotaba: la URSS, su proveedor de petróleo, se acercaba al aperturismo de Gorbachov, con el que iba a tener una pésima relación. Tuvo que pasar el Periodo Especial para que Cuba recibiera el baño de petróleo venezolano tan largamente anhelado, ese que proveyó Hugo Chávez luego de tomar el poder el 99.

Tomar el poder y ponerse en manos de Fidel Castro fue, para el teniente coronel Hugo Chávez, todo uno. Fidel logró infiltrar al gobierno venezolano con enorme facilidad. Adina Bastidas, ex-guerrillera venezolana, consejera económica de Daniel Ortega en Nicaragua, fue reclutada por el Departamento de América antes de que fungiera como vicepresidenta de Venezuela con Chávez, como fue reclutado Alí Rodríguez Araque, otro exgue-rrillero y a la postre ministro del Petróleo, nada menos.

Cien mil barriles diarios no son pocos. Esos son los que llegaron a las arcas castristas, las de Fidel y las de Raúl, no hace mucho. Postrada, en nocaut, Venezuela ha rebajado en un 40% esa cantidad, pero sigue siendo el principal proveedor para un país en el que la gasolina es al mismo tiempo una necesidad y un lujo. Y aunque ahora parece que la madre Rusia, que enviará dos millones de barriles al año, vuelve por sus tierras, el pe-tróleo venezolano sigue siendo capital. En consecuencia, el G2 cubano, la inteligencia castrista, está enquistado en Venezuela, arrimando el hombro cuanto sea necesario.

Solidaridad, le llaman.

El socialismo como narcoestado.

Chiste en *Juan de los Muertos*: «Yo quiero irme pa'l carajo de aquí, a darle la vuelta al mundo. Si me preguntan de dónde soy, diré que de Cuba. Si me preguntan qué es Cuba, diré que es una islita socialista del Caribe. Si me preguntan qué es socialismo, les voy a decir que un sistema instaurado por Fidel Castro hace cincuenta años. Si me preguntan quién es Fidel Castro, me que-do a vivir ahí para siempre».

Sorprendentemente, o no, un chiste como el de Juan resulta to-davía inconcebible en muchos ambientes políticos, incluso en algunos que uno diría poco proclives al culto del castrismo.

Bien porque Fidel tuvo sentido del *tempo* hasta para morirse, bien porque su muerte no se hizo pública cuando lo decidió la naturaleza, sino cuando convenía al régimen, el hecho es que el Comandante en Jefe tuvo el mal gusto de adelantársenos en el camino un viernes por la noche. Como me gano la vida conduciendo un noticiero de nueve a diez, en el momento en que empezó a correr la especie de que Castro había muerto, yo reunía dos características raras entre los colegas un día como ese y a semejante hora: estaba despierto y estaba sobrio. Me tocó llevar junto a unos colegas de talento una cobertura complicada, que se extendió hasta las cuatro y media de la mañana y que obligaba a extraer recursos de los lugares más impensados. El régimen cubano dio poca información, casi ninguna: un apretado mensaje televisivo de Raúl Castro, que a pesar de que era viernes en la noche estaba despierto y estaba sobrio (los vodkas de rigor, esos que tanto le gustan, se los habrá reservado para un poquito más tarde). ¿Qué decir, qué hacer? «Empieza a hacer llamadas para ver quién está despierto», dijo el director del canal a algún guerrero de la información que estaba de guardia, y sí: empezaron a caer entrevistas vía telefónica.

No me sorprendió la mucha lucidez de Jorge Castañeda o la de Ricardo Pascoe, surgidos de la izquierda pero de tremendo filo crítico ante la utopía fideliana. Me sorprendió más, en cambio, el panegírico dedicado al Comandante en Jefe por Emilio Gamboa, senador priista. No dudaba. Castro había hecho muchísimo por su pueblo. Era un aviso: en las horas y hasta días siguientes, en México y en todas partes, se multiplicaron los elogios. Prediciblemente, lo elogió Andrés Manuel López Obrador, que se dejó ir: como «un gigante, a la altura de Nelson Mandela», así lo calificó. Se mereció que lo compararan con Nicolás Maduro. Otro hombre de izquierdas, el expresidente español José Luis Rodríguez Zapatero, dijo mucho más ambiguamente que había «marcado una parte importante de la historia», pero sus simpatías de siempre por el régimen —cuando la Unión Europea decidió apretar el puño ante la detención de los 73 disidentes, España encabezó un movimiento a favor del «diálogo»— le dieron a sus palabras un sentido francamente positivo. Ni hablar: el pasado termina por alcanzarnos. Se mereció que Mario Vargas Llosa, un hombre educado, hablara de los «social pendejos». Justin Trudeau, el primer ministro canadiense, amado por las mujeres y respetado por casi todos, dada su moderación habitual y su compromiso con los derechos humanos, lo llamó «líder de toda una vida que sirvió a su pueblo». Se mereció que brotara en las redes sociales el rumor de que en realidad Fidel era su padre, y no en un sentido simbólico: los progenitores del mandatario canadiense fueron cercanos al Comandante, conocido mujeriego que habría contado entre sus *affairs* a doña Margaret Trudeau. Lo piropeó Cuauhtémoc Cárdenas, notablemente, por haber dejado un ¡«legado por las libertades humanas»! Cárdenas, más allá de sus convicciones, proviene de una familia que tiene antiguos vínculos con Fidel. El general Lázaro Cárdenas, su padre, intercedió ante el presidente Ávila Camacho cuando Castro, el Che y otros cuantos futuros revolucionarios fueron detenidos en la Ciudad de México, donde se entrenaban para combatir a la dictadura de Batista. Esa mediación hizo posible que los liberaran.

Incluso un hombre con la inteligencia política y las propensiones liberalizantes de Carlos Salinas de Gortari opta por cierta cautela a la hora de emitir un juicio sobre el dictador, e incluso algo más que cautela: admiración y simpatía, cierto que no estridentes ni libres de escepticismo. En su libro *Muros, puentes y litorales. Relación entre México, Cuba y Estados Unidos* se ven las razones. Castro lo piropeó sin tregua, y se entiende: Salinas decidió, por ejemplo, tener un «diálogo solidario» con su par cubano durante la Tercera Cumbre Iberoamericana, el 93, en pleno Periodo Especial, y acto seguido condonarle una deuda importante con el Banco de México y demás instancias económicas nacionales.

Claro que las relaciones de los tlatoanis mexicanos con el régimen de los Castro no son siempre tan cordiales. El 21 de febrero de 2017, el expresidente Felipe Calderón tuiteó que las autoridades cubanas le habían notificado a Aeroméxico que no tenía sentido permitirle documentar: ¿para qué subirlo al avión si Inmigración no le permitiría entrar a la isla? Como no se lo permitieron a Mariana Aylwin, exdiputada y exministra chilena de Educación. Una y otro pensaban asistir a la entrega del Premio Oswaldo Payá, en honor a uno de los más connotados opositores cubanos, muerto en 2012 en lo que las autoridades isleñas llamaron un accidente de carretera, y la familia de Payá un asesinato malamente disimulado, tipo el de Barbarroja: habían embestido de manera reiterada su coche, dijeron. Fue el Estado. Un Estado al que le ocurren muchos accidentes de coche de los que resultan convenientes. Como el de Yohanna Villavicencio, una artista a la que le negaron el asilo en Francia y tuvo que volver a casa.

El premio era por una parte, en calidad de póstumo, para el padre de Aylwin, Patricio Aylwin, primer presidente de Chile tras la dictadura de Augusto Pinochet e integrante del Comité Internacional por la Democracia en Cuba que presidió el intelectual disidente y exmandatario checo Václav Havel; y por otra, para Luis Almagro, secretario general de la Organización de Estados Americanos y antiguo canciller del gobierno de José Mujica en Uruguay.

Como tuiteó alguien un rato después, ni el tratamiento de «Comes y te vas» le concedieron a Calderón. Se refería por supuesto al episodio en el que otro expresidente mexicano, Vicente Fox, le dijo esas palabras a Fidel Castro para conminarlo a desalojar rápido, por fa, la Conferencia Internacional sobre la Financiación para el Desarrollo, en 2002. No es de amigos avisar a última hora, le dijo Fox a Castro; tu presencia nos causa «una buena cantidad de problemas», añadió, usando un riguroso trato de «tú» que contrastaba con el socarrón «señor Presidente» con que le respondía el barbón. Iba a estar el presidente gringo, George W. Bush. No era plan incomodarlo. Fidel lo grabó, como grababa a todo el mundo, pero decidió difundirlo, inusualmente. Nos enteramos todos.

Cuba como la isla en donde a ninguna palabra se la lleva el viento.

El escándalo creció unas 24 horas después, cuando el otro premiado, Almagro, declaró que tampoco a él lo dejaban ir a recoger su reconocimiento, ni con su pasaporte uruguayo, con el que en teoría no necesitaría visado, ni con el de la OEA, una organización que expulsó a Cuba el 62 y a la que Cuba no ha querido ingresar después, a pesar de que el veto fue levantado hace ya muchos años. El gobierno revolucionario declaró a Almagro «inadmisible» y dijo no.

Lo del titular de la OEA es de aplauso. Nicolás Maduro machaca a su pueblo ante la casi indiferencia de Donald Trump, que se limita a tuitear, la complicidad del papa Francisco, quien tuvo una supuesta mediación de franca vergüenza, destinada en realidad a darle oxígeno al neochavismo, y el apoyo del régimen cubano, aterrado por la posibilidad de que la hermana república cambie de régimen y se le acabe el suministro de petróleo. Se le opone tenazmente Almagro, quien ciertamente llevaba ya en esos días una larga cantidad de críticas contra toda la comunidad de países bolivarianos: Venezuela, Bolivia, Ecuador... Y contra Cuba. Va en la descripción del puesto. La OEA no es una mera acumulación de representaciones nacionales. No es la ONU, donde caben teocracias, democracias, bolivarianismos y monarquías. La OEA, con todos sus defectos, exige credenciales democráticas. Protección de las libertades civiles. Votaciones reales, secretas, verificables. Derechos humanos. Prensa libre. Así que a Almagro, que como integrante del gabinete de José Mujica, exTupamaro, no le faltan otras credenciales, las de izquierda, lo vetaron por defender a la oligarquía y el imperialismo.

Si alguien dudaba de que el régimen de Raúl Castro se mantendría fiel a sus tradiciones, a la del cerrojazo para empezar, se equivocaba. Para rematar la faena, las autoridades revolucionarias detuvieron en Camagüey a dos periodistas que pretendían cubrir la entrega del premio en La Habana: Sol García Basulto, del diario *14ymedio*, liberada unas horas después, y Henry Constantín, vicepresidente regional para la Sociedad Interamericana de Prensa, quien salió 48 horas más adelante. El cargo: participar de una «provocación internacional».

«Desconfía de cualquier país en el que la salida por el aeropuerto es igual de difícil que la entrada», me digo nada más llegar al José Martí con la mente puesta en mi viaje a la India de unos años atrás, cuando el aeropuerto de Nueva Delhi, incomparablemente más grande y lujoso que el Martí, parecía empeñado en impedir que llegara a Londres, escala previa a mi regreso a México. Para mí, en Cuba, la salida fue de hecho mucho más difícil que la entrada.

Me despedí de M y de su talentosa hija, lanzada en su carrera de modelo, y me subí al almendrón, impecable, con el mucho tiempo que nos tomamos siempre los neuróticos cuando tenemos que volar. Pero la llegada al aeropuerto estaba bloqueada por un accidente de coches bastante escandaloso, así que hubo que dar un rodeo. Y un rodeo, en Cuba, siempre es mucho decir. Así que llegué al Martí con las tres horas justitas que se recomiendan en los vuelos internacionales. Y lo padecí.

De entrada, la fila para documentar en Aeroméxico, eterna, porque hay sólo dos ventanillas y los cubanos encargados de recibirte pasaportes y maletas se turnan para hacer largas pausas, no sabemos los pasajeros muy bien para qué. Pasado al trámite, eterno, enfrenté la migración cubana. Otros 200

metros de fila serpenteante, con los rostros impasibles de los guardias escrutando cada pasaporte y cada pase de abordar como si entre los mexicanos crudones, los gringos en *shorts* con actitud declinante de *spring break* y los italianos y españoles que mentaban madres se fuera a escabullir un disidente. Por fin, los controles de seguridad, pegados a las ventanillas de migración con el consecuente embotellamiento humano.

Enfilé por fin a la sala de espera, con la sorpresa de que el vuelo no tenía aún puerta asignada. Me relajé y pedí una cerveza, luego de comprobar que el *duty free* tiene poco que comprar, y realmente nada que no puedas comprar en una tienda mexicana, incluidos los rones y los tabacos cubanos. Pedí una Cristal, que me alcanzó en botella, sin vaso, una mujer en sus 60, uniformada, cordial de una manera contenida, muy lejos del cliché cubano. Una chica mexicana le pidió un popote. La mujer le contestó que no había. Y remató: «No hay comida, no hay nada».

Tampoco había hora de salida, según comprobé poco después. Mis últimas dos horas en La Habana las pasé en la zona *business* del vuelo —«Fue elegido para un asiento en *bisne* con un pago de 100 dólares. ¿Acepta?»—. Un argentino sencillamente frenético le preguntaba al destacamento de cubanos apostados en la puerta abierta del vuelo que qué mierda pasaba. Parecían apenados, en realidad muy levemente, y se limitaban a intercalar un «Ya casi, caballero» entre cada cinco «qué mierda». La explicación vino del piloto, que se asomó a la puerta de su cabina y nos aclaró que llevaban una hora y media esperando el plan de vuelo. Que esta espera era inexplicable, pero que no es rara en el aeropuerto habanero. Que la responsabilidad era enteramente de las autoridades cubanas. Que lo sentía de veras. Que Aeroméxico haría lo posible por ayudar a los que estuvieran en riesgo de perder un vuelo de conexión en el Benito Juárez. Salvo tal vez por lo de la ayuda, me da la impresión de que todos le creímos.

Referencias

Bibliografía

Alberto, Eliseo, *Informe contra mí mismo*. Alfaguara, México, 1997.

Anderson, Jon Lee, *Che Guevara. A Revolutionary Life.* Grove Press, Nueva York, 1997.

—, *El dictador, los demonios y otras crónicas*. Traducción de Antonio-Prometeo Moya. Anagrama, México, 2009.

Arenas, Reinaldo, *Antes que anochezca*. Tusquets, España, 1996.

Ayén, Xavi, *Aquellos años del boom. García Márquez, Vargas Llosa y el grupo de amigos que lo cambiaron todo.* RBA, Barcelona, 2014.

Beningno (Dariel Alarcón Ramírez), *Memorias de un soldado cubano. Vida y muerte de la revolución.* Tusquets, Barcelona, 1997.

Cabrera Infante, Guillermo, *Tres tristes tigres*. Booket, México, 2015.

Chang, Jung y Halliday, Jon, *Mao. La historia desconocida.* Traducción de Amado Diéguez y Victoria E. Gordo del Rey. Taurus, México, 2006.

Franqui, Carlos, *Cuba, la Revolución: ¿mito o realidad? Memorias de un fantasma socialista*. Península, Barcelona, 2006.

Gamboa, Jeremías, Joselo y Sinay, Javier, *Cuba Stone*. Edición de Leila Guerriero. Tusquets, México, 2016.

Guerra, Wendy, *Todos se van*. Bruguera, Barcelona, 2006.

Ibargüengoitia, Jorge, *Viajes en la América ignota*. Joaquín Mortiz, México, 1988.

Krauze, Enrique, *Redentores. Ideas y poder en América Latina*. Debate, México, 2011.

Kidd, David, *Historias de Pekín*. Traducción de Martha Alcaraz. Libros del Asteroide, Barcelona, 2ª edición, 2006.

Meneses, Enrique, *Fidel Castro, patria y muerte*. Ediciones del Viento, España, 2016.

Masetti, Jorge, *El furor y el delirio. Itinerario de un hijo de la Revolución cubana*. Tusquets, Barcelona, 1999.

O'Donell, María, *El secuestro de los Born*. Debate, 2016.

Oppenheimer, Andrés, *La hora final de Castro*. Javier Vergara, Argentina, 1992.

Rojas, Rafael, *Historia mínima de la Revolución cubana*. El Colegio de México, México, 2015.

—, *La máquina del olvido. Mito, historia y poder en Cuba*. Taurus, México, 2012.

Salinas de Gortari, Carlos, *Muros, puentes y litorales. Relación entre México, Cuba y Estados Unidos*. Debate, México, 2017.

Sánchez Guevara, Canek, *33 revoluciones*. Alfaguara, México, 2016.

Sánchez, Juan Reinaldo, *La vida oculta de Fidel Castro*. Península, España, 2014.

Suárez Salazar, Luis, *Barbarroja. Selección de testimonios y discursos del Comandante Manuel Piñeiro Losada*. Ediciones TRIcontinental-SIMAR, Cuba, 1999.

Todorov, Tzvetan, *La experiencia totalitaria*. Traducción de Noemí Sobregués. Galaxia Gutenberg-Círculo de Lectores, Barcelona, 2009.

Valdés, Zoé, *La ficción Fidel*. Planeta, Barcelona, 2008.

Vargas Llosa, Mario, *Sables y utopías. Visiones de América Latina*. Aguilar, México, 2009.

Zhensheng, Li, *Soldado rojo de las noticias*. Phaidon, Barcelona, 2003.

Periódicos y revistas

Barroso, F. Javier, «Carmena creará un nuevo modelo de seguridad con jurados vecinales». *El País*, 5 de julio de 2016.

Cave, Damien, «Cuba dice que no tiene un problema de racismo; Barack Obama no está de acuerdo». *The New York Times*, 31 de marzo de 2016.

De la Guardia, Ileana, «Fidel Castro mandó fusilar a mi padre; no lamento su muerte». *14ymedio*, 5 de diciembre de 2016.

DiPerna, Paula, «Castro, Cousteau and I». *Avaunt*, 7 de diciembre de 2016.

Edwards, Jorge, «Los hijos de la Revolución». *Letras Libres*, julio de 1999.

González Acosta, Alejandro, «*Acto de repudio* contra el Círculo Cubano de México en el día de José Martí». *14ymedio*, 7 de febrero de 2017.

Guerra Cabrera, Ángel, «¿En México el asesino del Che?». *La Jornada*, 24 de enero de 2017.

Hernández Busto, Ernesto, «Comités de Defensa de la Revolución, ¡en Madrid!». *El Español*, 7 de julio de 2106.

Lara, Javier y Nieto, Patricia, «"El balance de Castro en el poder no ha sido positivo para el pueblo". Entrevista con Lilian Guerra». *Letras Libres* 217, enero de 2017.

Lira Saade, Carmen, «"Soy responsable de la persecución a homosexuales que hubo en Cuba": Fidel Castro». *La Jornada*, 31 de agosto de 2010.

Loret de Mola, Carlos, «Un reportero en La Habana». *El Universal*, 1° de diciembre de 2016.

Merenco, Eduardo, «Ileana De la Guardia: Ochoa decía que Fidel estaba loco». *La Prensa*, 13 de julio de 2001.

Montaner, Carlos Alberto, «Cuba. Mito y realidad». *La Ilustración Liberal*, número 56-57.

—, «Cuba y el falso fin de la historia». *El Nuevo Herald*, 1 de enero de 2017.

Muñoz, Carmen, «Cuando una menor cubana vende su cuerpo a un turista canadiense... O español». *ABC*, 30-10-2015.

Rojas, Rafael, «Breve historia de la censura en Cuba (1959-2016)». *La Razón*, 28 de enero de 2017.

Sierra Madero, Abel, «Academias para producir machos en Cuba». *Letras Libres*, enero de 2016.

Tamayo, Juan O., Cribb, Robert, Quinn, Jennifer y Sher, Julian, «Prostitución de menores en Cuba es un hecho innegable». *El Nuevo Herald-Toronto Star*, 17 de marzo de 2013.

Vicent, Mauricio, «Cuba encarcela a un ex general una semana después de haberlo liberado». *El País*, 27 de marzo de 1997.

Vicent, Mauricio, «La apertura cubana es un maquillaje». *El País*, 13 de febrero de 2015.

«Cómo el *cuentapropismo* está cambiando Cuba». *BBC Mundo*, 16 de agosto de 2013.

«Exoficial chavista: el G2 cubano controla servicio de inteligencia en Venezuela». *Martí Noticias*, 5 de abril de 2017.

«Pablo Milanés: el reguetón es un género grosero», *Cubanet*, 3 de febrero de 2017.

«¿Quieres invertir en Cuba? Él sería tu socio, es el yerno de Raúl Castro». *El Financiero*, 6 de octubre de 2015.

«Rechaza el cantante Silvio Rodríguez que haya estado preso en Cuba». *El Informador*, 9 de febrero de 2017.

«Rumbo al velorio de su padre, Patricio de la Guardia recibió la noticia: "Los jefes han decidido que tienes libertad completa"». *Proceso*, 22 de marzo de 1997.

«Silvio Rodríguez llama a los venezolanos a seguir el ejemplo de Bolívar, Martí, Fidel y Chávez». *El Nuevo Herald*, 22 de mayo de 2017.

Películas, TV y documentales

Canción de barrio. Dir. Alejandro Ramírez Anderson. Cuba, 2014.

Conducta impropia. Dir. Néstor Almendros y Orlando Jiménez Leal. Francia, 1984.

Cuban Punch Up. The Boys who Fought for Castro. Dir. Andrew Lang. Reino Unido, 2009.

Fresa y chocolate. Dir. Tomás Gutiérrez Alea y Juan Carlos Tabío. Cuba-México-España, 1993.

Juan de los muertos. Dir. Alejandro Brugués. Cuba-España, 2011.

La muerte de un burócrata. Tomás Gutiérrez Alea, Cuba, 1966.

No Reservations, «Cuba». Conducido por Anthony Bourdain. Temporada 7, episodio 6, 2011.

Suite Habana. Dir. Fernando Pérez, Cuba, 2003.

Transit Havana. Dir. Daniel Abma. Alemania/Holanda/Cuba, 2016.

Se pronuncia el Consejo de Estado. https://www.youtube.com/watch?v=WEPI73JYwio

Vampiros en La Habana. Dir. Juan Padrón, Cuba, 1985.